VQ

NORA
GOMRINGER
ICH WERDE ETWAS MIT
DER SPRACHE MACHEN
Voland & Quist

2. Auflage 2015
Verlag Voland & Quist, Dresden und Leipzig, 2015

Lektorat: Dr. Nortrud Gomringer, Rehau
Gestaltung: Matthias Friederich, Berlin
Druck und Bindung: CPI books, Leck
www.voland-quist.de

Danke, docnogo!

Inhalt

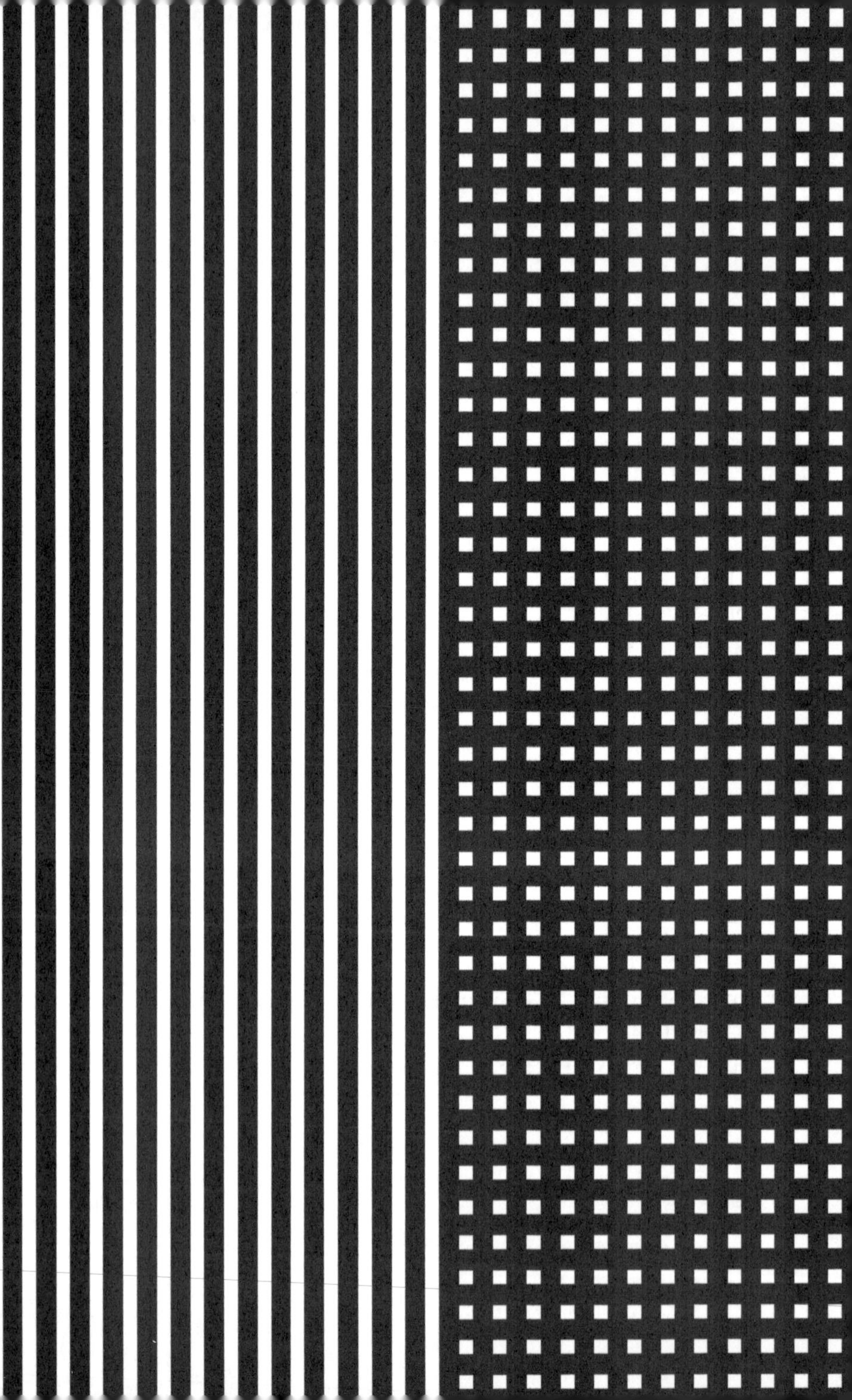

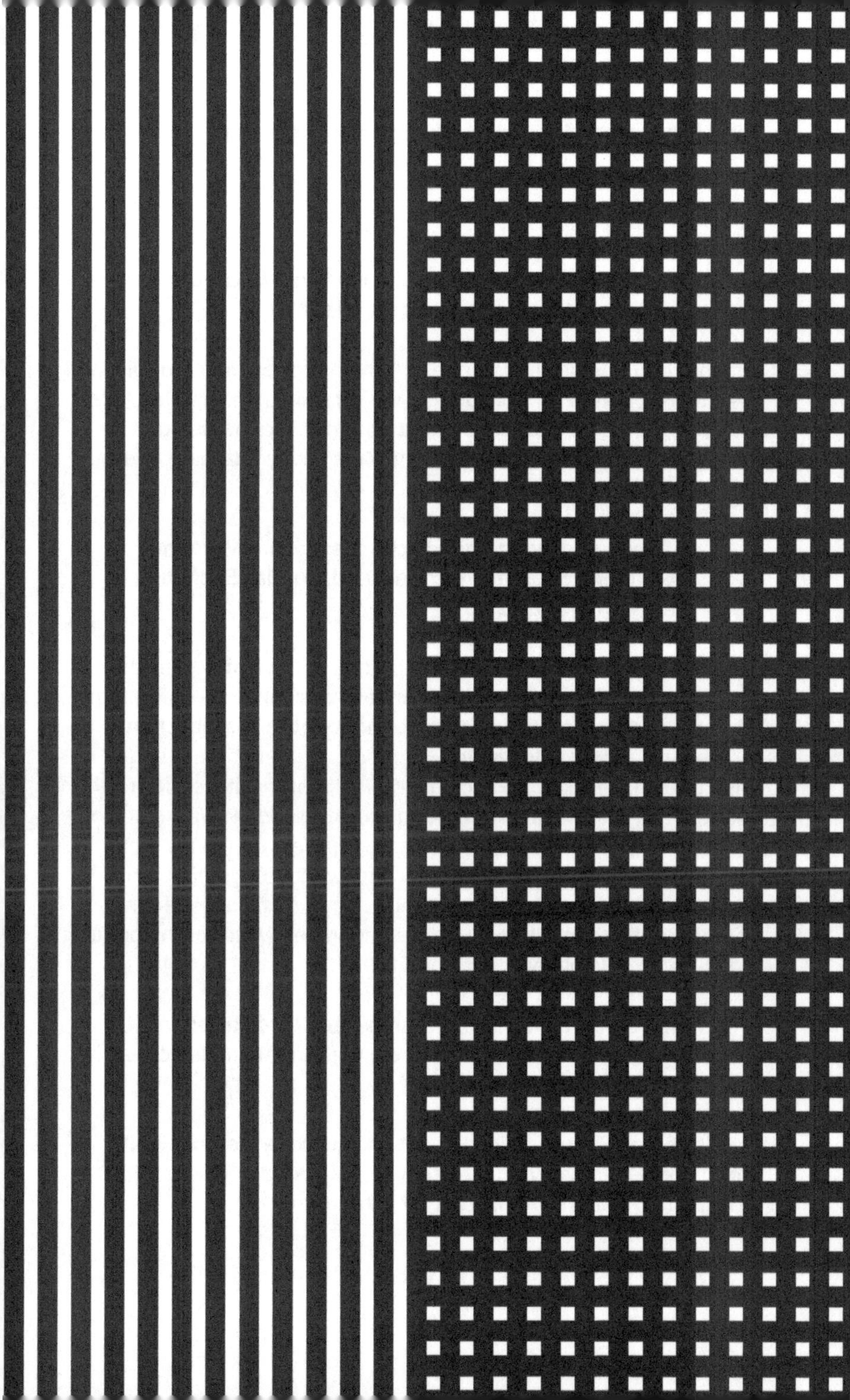

Fünf Fragen von Michael Krüger an Nora Gomringer

> Wie genau entstand das erste Gedicht? Und warum ist es nicht eine Kurzgeschichte geworden?

Es entstand in einer Freistunde an einem grauen, fast stürmischen Rehauer Schultag im Auftrag eines Vertretungslehrers. Der Auftrag lautete: „Schreibt ein Gedicht über eine Sache aus der Natur“ – und deswegen ist es keine Kurzgeschichte geworden. Ich war acht Jahre alt.

> Wie, wo und wann hast du deine schönste Metapher gefunden? Spontan, nachdenkend, auf der Suche nach dem richtigen Bild?

Ich weiß nicht, ob du das so oder anders kennst, aber gerade habe ich eine Szene, eine Begebenheit, ja eigentlich ein Faktum im Kopf und suche aktiv nach einer adäquaten sprachlichen Umsetzung für das Ganze. Ich suche nach einem sprechenden Bild. Diese Überlegungen sind also nicht historisch, sondern sehr aktuell. Es gibt bestimmte Metaphern, um die ich kreise, seit ich denken kann. Da muss ich mich streng prüfen, ob ich sie nicht viel zu oft verwende bzw. an sie denke, wenn ich bemüht bin, eine neue zu entwerfen, denn dann klingen selbst die Neuen „eingefärbt“. Generell kommen die schönsten Metaphern spontan beim Federballspielen oder im Kino.

> Gibt es für dich das abgeschlossene Gedicht oder zuckt es dir in den Fingern, die vorhandenen Gedichte zu verändern?

Es gibt für mich ausschließlich abgeschlossene Gedichte mit Variablen. Die müssen immer sein und dürfen das Gedicht für Lesung und andere Umnutzungen verändern.

Wie hältst du es mit der Silbentrennung am Zeilenende?

Die lehne ich ab. Du weißt, das ich ein Gedicht geschrieben habe, dass „Silbentrennung“ heißt und den Vorgang der Silbentrennung mit der Trennung innerhalb einer Beziehung vergleicht. „Am Zeilenende/ wie nach Jahren/ Abschied nehmen/ Dich sehen lassen/…“ Insofern sagt mein inneres Gretchen: bes-/
ser nicht.
Die Integrität der Zeile ist bestimmt von ihrer Gänze. Ich glaube, das kommt für mich persönlich aus der jahrelangen Betrachtung von Intaktheit. In der Konkreten Poesie wird nichts getrennt oder zerschnitten. Der ganze Lachs liegt auf dem Tisch. So kenne ich es und so halte ich es.

In der Geschichte der Poesie wurde ein riesiges Regelwerk aufgestellt, an das sich nur noch wenige halten, obwohl es unsichtbar auch unter der gegenwärtigen Poesie liegt. Gibt es noch irgendwelche Verbindlichkeiten, die zu beachten sind?

Keiner erfindet das Rad neu. Auch die bei Michelin machen nur immer wieder gute und immer bessere Reifen. So machen das auch die Lyriker. Dabei schreiben sie sich ihre eigenen Regelwerke. Zugegeben, sicher enthalten diese Werke zum Teil aus Unkenntnis uralte Regeln und somit Wiederholungen. Es ist, wie du sagst: Es liegt ein unterirdisches Myzel von Tradition und Konvention unter der Poesie. Die Verbindlichkeiten, die geblieben sind, sind formale: Zeile, Zeilensprung und die Frage nach der Interpunktion in Gedichten. Im Inhaltlichen sind es: Flora, Fauna und Frauen sowie Liebe, Last und Lust, Krieg und Weltende, Details auf dem Küchentisch und im Gesicht des Geliebten. Die Frage nach Kitsch, Pathos, Abgegriffenheit von sprachlichen Bildern und kritische Selbstbetrachtung bleiben, und das Publikum – und ich nehme an, das bleibt auch – fragt nach dem Reim. Diese Dinge scheinen mir verbindlich, weil menschlich und poetisierbar, weil mit Sehnsucht zu betrachten.

ETWAS
LAUTES

Ich Apple, du Wurm

Mit dem neuen Mann in meinem Leben kam eine neue Welt. Eine weiße, flache, leicht-gängige, licht-atmende, in allen Maßen geordnete Welt. Eine Welt, die einen Shop in allen Metropolen zu bieten hat, eine Kathedrale im Zeichen der Frucht, die Apple heißt und von der lang vor meiner Zeit abgebissen worden ist. Ich bin also in einer Art post-post-paradiesischen Weltphase angekommen. Hier ertaste ich in meinem dreißigsten Jahr einige bis dato ungeahnte Möglichkeiten, beginne zu verstehen und zu nutzen, welche Inhalte die Begriffe (und Produkte) Podcast und iChat bieten und bedeuten. Meine neue Tastatur eröffnet mir durch Kombinatorik und Fingerspreizung, die Übung und Memory-Mindspace erfordert, die Durchführung komplexer Aktionen, die für reguläre Apfelesser wie mich mit dem Wort „Zauber" zu beschreiben sind.

Als Lyrikerin betreibe ich eine Zweimedienwirtschaft: Stoffsammlung handschriftlich, Aus-arbeitung per Text-ver-arbeitung. Auch hier kommt der Apple nun ins Spiel. Meine Texte sehen auf dem Bildschirm des Macs so clean aus, dass ich gleich beim Tippen eine Entfernung spüre, die erst später durch die Veröffentlichung eintritt. Der Text bekommt eine eigene Autorität. Wie eine streng Mahnende steht die Zeile auf weißem Grund und strahlt mir entgegen, willmit mir streiten, fordert mich heraus. Und mein Apple ist der Park im Morgengrauen, in dem wir uns – nach romantischer Sitte – unter den wachsamen Augen des Word-Programm-Adjutanten duellieren.

Einen Apple im Zug aufzuklappen, an einem Tisch sitzend, ist in Deutschland ein Affront. Während die schwarzen Asus', Dells und Toshibas stumpfe Schwärze zeigen, glimmt ein angebissener Apfel weiß in weiß vor meiner Position und kommuniziert der Welt: ecce homo sum res nova (frei zu übersetzen mit: Ich bin das neue scharfe Teil)!

Diese Art „Einhornschaft" lässt einen sich ausschließlich unter anderen Mac-Usern sicher fühlen. Das verändert den Charakter. Gerne ginge man in die Offensive und legte sich Argumente bereit, die man zur Apologie des Apple hervorbringen wollte, würde doch nur je einer Diffamierendes sagen. Aber das tut nie jemand. Der Apple hat Narrenfreiheit, weil er der Schönste im Land hinter den sieben Bergen ist. Und Schönheit gepaart mit Funktionalität ist die Art von Schönheit, die die Menschen von heute uneingeschränkt und unbedingt schätzen. Ich frage mich, welches Schneewittchen in welchem weißen Sarg zu liegen gekommen ist, als es vom Logo-Apple gebissen hat und denke an Steve Jobs als Hexer, der den Apfel so verführerisch gezüchtet haben mag. Natürlich sind wir *user* heutzutage nichts als Würmer, die die ungeahnten Möglichkeiten ahnen sollen. Durch meinen Liebsten lerne ich, dass ein Apple einen ganzen Obstkorb an *community* nach sich zieht, man MacTV online, Apple Stores und Reseller aufsucht wie Heiligtümer. Ein Apple-Produkt zu erwerben, egal wie klein es sein mag, ist ein durch und durch schöner Akt. Die Verpackungen hätten Bauhaus-Professoren zum Weinen gebracht, lassen Ikea-Designer vor Neid erblassen, schenken ihrem Käufer ein andächtiges, verklärtes Lächeln bei Verlassen des Ladens und das Gefühl, sich im wahrsten Sinne pures Glück gekauft zu haben. So schön und funktional verpackt darf der meist reinweiße Artikel alles kosten, darf sich die Narrenfreiheit des Kapitalismus alles erlauben. So auch die preisliche Platzierung der neuesten Innovation: des iPads. Das ist einfach (noch) zu hoch auf dem Preisregal. Und doch lockt es mit seiner Spielfreude, dem neuen Format, der Funktionsbandbreite, sodass ich ins Schwärmen komme und mein Konto in Gefahr gerät. Freunde, die mich aus meiner Prä-Obstphase kennen, schmunzeln über meine neue Glaubensrichtung – der Fruit of the Doom, wie ich sie abgewandelt gerne nennen möchte. Ich denke, mir sind Mann und Mac nicht ohne Grund begegnet. Und denke ich an die Verführung vor dem Sündenfall, so weiß ich, ich bin seit einer ganzen Weile im Hier und Jetzt immer und immer wieder in Gefahr, mich als Verführte, ja Entführte in meinen Entführer zu verlieben. Nun, auch dieses Syndrom kennt einen Namen.

Thomas ist nett. Maria kenne ich aus der Schule. Thomas stupst Maria jeden zweiten Tag an. Ina ist meine Krankenschwester gewesen, als ich Verdacht auf Blinddarmentzündung hatte, und wartet auf den Tag, an dem Thomas sie als Freund addet. Wilderlurch hat gerade seinen Beziehungsstand in „Es ist kompliziert“ geändert und seine Freunde sind alle weiblich. Wilderlurch war mit Maria verlobt. Sophie beantwortet ständig Fragen über Stefan23, der per Hinweis neugierig auf ihre Antworten gemacht werden soll. Stefan23 mag ich auch. Ich bin sehr eifersüchtig und beobachte diese Vorgänge mit grrrrr. Andreas P. und Andreas R. sind beste Freunde und teilen jeden Upload. Walter aus Kalifornien postet alte Fotos von uns aus Zeiten, in denen mich die Sonne Kaliforniens total bedüdelt hat, und ich bin wieder grrrrr. Maria wird Thomas wohl erst zurückstupsen, wenn die Sonne blau wird. Thomas ist ein begehrter Mann, Ina will ihn. Walter ist ein Arsch. Die meisten Freunde in seinem Profil sehen das genauso, mögen aber seine Posts und kommentieren sie gerne. Meistens mit „Walter you asshole“. Gerry holt heute die Zeitung, ein paar Äpfel und ein neues Telefon. Das weiß ich seit 7:48. Natürlich gefällt es mir. Gegen Äpfel ist nichts einzuwenden. Thomas sendet eine Nachricht, die ich ignoriere, weil die Frage lächerlich ist: Wie viele Traumschafe zählst du auf der Weide?

Ich habe eine Freundin, die bei einem Computerspiel-Designer den internationalen Help Desk betreut und alle möglichen Fragen beantworten muss. Sie ist die Frau mit den meisten Wörterbüchern, weil sie auch auf Farsi angeschrieben wird. Auf Serbo-Kroatisch schimpft es sich ganz ausgezeichnet. Die Freundin heißt Siri und träumt davon, ein neues Leben fernab der Free Acres zu führen. Mit Ina, Thomas und Siri bin ich der Gruppe „Heute schon gelackt?“ beigetreten. Was Thomas hier macht, weiß ich nicht. Wohl ein Versehen. Es geht um Nagellacke aller Art. Fricke ist Chemiker. Er hasst unsere Gruppe und postet täglich Bilder von tränenden Kaninchenaugen und offenen Affengehirnen. Siri schickt ihm Tipps für den perfekten Anstrich auf Serbo-Kroatisch und auf Farsi. Fricke hat als Heimatstadt Kreuzberg 36 angegeben. Joel mag Loriot und Brecht. Ich mag Brecht und bin nur deswegen mit Joel befreundet. Olitschka Win fragt zum erneuten Male, ob ich mich mit ihr befreunde, und zum erneuten Male schreibe ich ihr, dass ich gerne etwas mehr von ihr wüsste, bevor ich „Die, die du damals so herzlich umarmt hast" adde. Olitschka Win klickt verdächtig oft die Seiten an, die ich auch mag. Und ihr Foto zeigt Tweety, den kleinen Vogel mit drei Haaren, der seine eigene Gruppe hat, in der Maria, Thomas, Siri und ich drin sind, neben 3564 anderen. Meine Mutter hat auch ein Profil. Allerdings ist es komisch, jemanden so gut zu kennen wie die eigene Mutter und dann beratend tätig zu sein, wenn es um die Selbstdarstellung der Erzeugerin geht. Soll ich schreiben, dass ich an Männern interessiert bin? Mama, schreib doch, dass du nicht mehr so sehr an Papa interessiert bist. Das gefällt lustigerweise allen, die Daumen schnellen hoch. Mit meinen 745 Freunden – halt! 746, Anni aus Braunschweig ist jetzt geaddet – battle ich Jürgen, der nicht müde wird, mir von seinen 840 Freunden vorzuschwärmen. Ich sage dann immer, dass Usher 120.433 Freunde hat und jeden Tag welche dazukommen. Jürgen war schon in der Grundschule ein Idiot. Außerdem hatten wir alle seinetwegen Läuse. Die Startseite, quasi der Säulengang am Schulgebäude der 90er-Serie *Beverly Hills 90210*, informiert mich, dass Christian abgenommen, Tina Bauchweh, Olitschka Win Geburtstag, die Tweety-Gruppe ein Tweety-Jubiläum und Stefan23 sich mit Timori aus Tokyo befreundet hat. Das kommentiere ich mit „Gefällt mir" und gleich darauf mit „Gefällt mir nicht mehr". Das ist das Härteste, was geht. Für heute bin ich raus.

Der Charismat, den ich meine, ist ein halber Mann. Eher ein halbierter. Zwei Amputationen haben ihn ohne Unterkörper und einarmig gelassen. Er sitzt im Rollstuhl in der Bahnunterführung und spielt Keyboard. Das geht auch einhändig, seit diese Geräte Demo-Buttons haben und eigentlich von selbst musizieren. Er bittet nicht um Geld, aber das Schild vor ihm tut es. „Ich wünsche mir ein bisschen Veränderung. Wie Sie sehen, habe ich eine Behinderung. Vielleicht haben Sie Kleingelt oder einen Schein, der mir hilft. Rock on!" Auffällig neben dem kecken Gruß sind die zurückhaltende, kluge Formulierung und der Schreibfehler, der ein Freudscher sein mag: Gelt, das kommt von Geltung und die verschafft Geld gerne mal.

Ich sitze in der Unterführung, nahe dem Aufstieg zu Gleis 3 und 4 und sehe mir die Szene eine Weile an. Das Keyboard scheppert *Eye of the Tiger*, und ich denke: Ja, das passt, sein Besitzer ein Überlebender, ein Survivor. Survivor ist dazu eine der wenigen klassischen Rockbands, die ich mit echter Begeisterung gehört habe und manchmal noch höre. *Poor Man's Son* ist in meine Playlist eingegangen, so auch *Can't stop loving you* von Van Halen. Und durch den schön-schlechten Einfluss meiner Brüder findet sich da auch Toto, die eine Frau meines Alters in der Jugend auch hätte verpassen können, da sie eine gute Dekade vor der eigenen musikalischen Prägung wirksam war. Der Charismat, und ich nenne ihn so, weil er für einen halbierten Mann doppelt anziehend wirkt, ist vertieft in die zwei Tasten, die er mit der linken, intakten Hand periodisch drückt, und blickt versonnen schönen Frauen hinterher. Dunkelhäutig mit wachen, blitzenden Augen, eine Zigarette im Mundwinkel und irgendwie ganz da, dem Moment verschrieben – nur eben hoch wie die Rückenlehne des Rollstuhls und so versehrt, dass jeder Blick einem Fragen aufgibt. Ein Meister des zweifingrigen (Mit-)Spiels, liebt er die Frauen. Er flirtet und spricht über die Augen des Tigers hinweg völlig ungehemmt (warum auch gehemmt?) alle an, die ihm gefallen. Ich muss an die ersten Zeilen des Songs denken und wieder passt alles: *Rising up – back on the street – did my time, took my chances ...* Dies ist die Zusammenfassung jedes Arbeitslebens, jeder Hamsterradradelei und doch auch der Ausdruck von Selbstbestimmtheit, Aufbruch und hohen Zielen. Davon kündet auch der enigmatische Name des Boxers, dessen Aufstieg (und mehrmaliges Fallen) die Filmreihe *Rocky* mit diesem Lied und der ganzen Survivor-Musikstimmung begleitet. Wir kommen von unten und wollen nach oben. Vielleicht ist Rock deshalb die einzige Musikrichtung, bei der sich das Hoffnungsanhängsel „Star" so leicht sprechen lässt. So ein Rock-Stern sitzt hier in der Unterführung. Frauen lächeln ihn an, nicht nur voller Mitleid, sondern manch eine auch wie eine Frau einen Mann eben anlächelt, mit dem sie sich vorstellen kann, an *Heaven's Door* zu *knocken*. Sie verstehen, was ich meine. Sicherlich hat sich der Charismat sein Leben anders vorgestellt, auf der anderen Seite kenne ich niemanden, bei dem das nicht so gewesen wäre. Der Rock'n'Roll und später der pure oder diversifizierte (Punk-, Metal-, Hard-, Soft- etc.)Rock ist die Musikkulisse der Auf-, Aus- und Umsteiger. Nicht nur Boxer peitschen sich mit bpm in den Ring. Auch der Charismat steht am Morgen auf und setzt sich zum ehrlichen Kampf mit harten Bandagen an sein Keyboard. Ich beobachte das und weiß, *music was my first love and it will be my last*. Der Charismat lächelt mir zu. Ich gefalle ihm, passe aber nicht in sein Beuteschema. Viel zu viele *pretty women, walking down the street*.

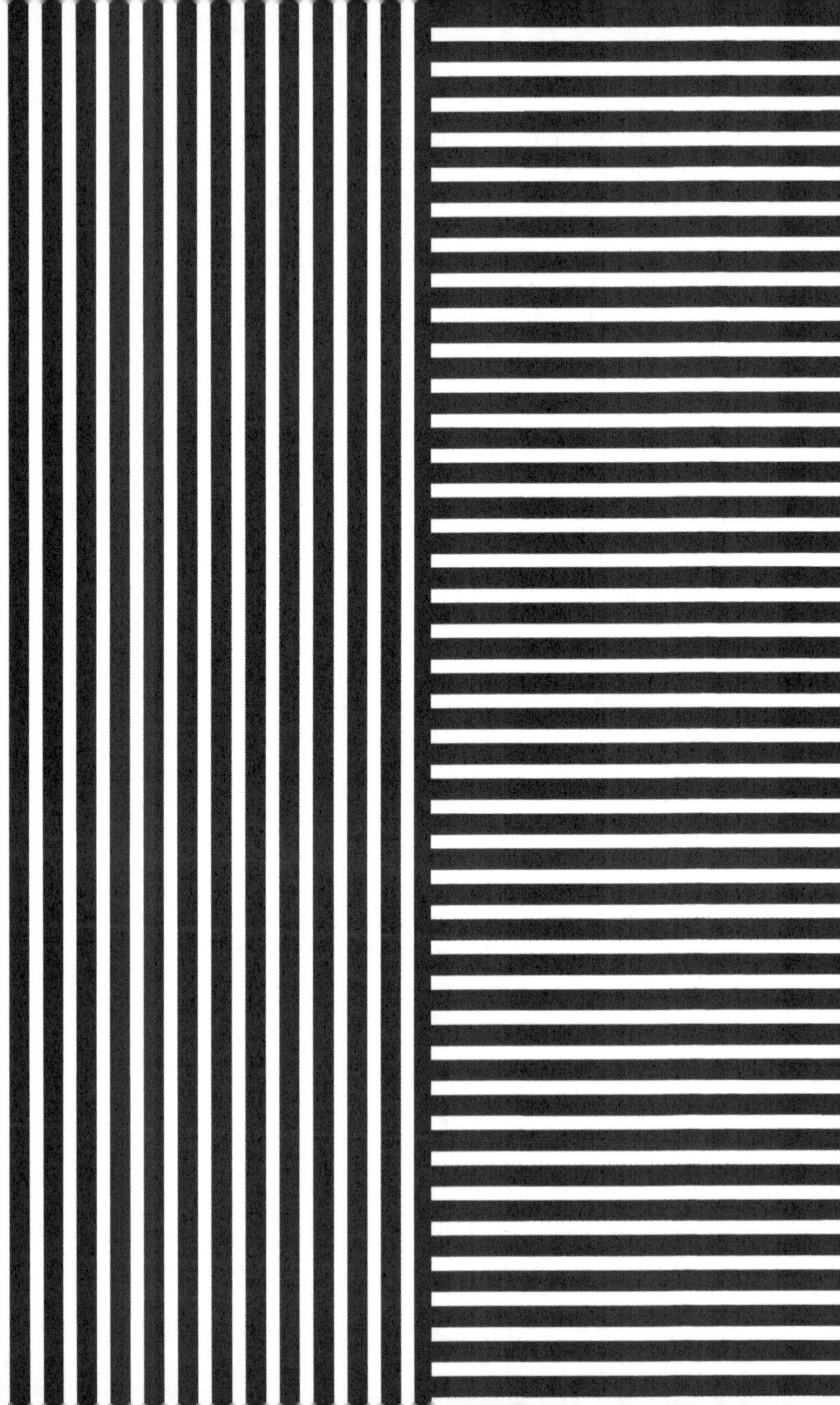

ETWAS
NAHES

SpiegelxelfeR

Nora Gomringer über Nora Gomringer: Selbstauskunft gebend – das ist ungewöhnlich, aber auch eine Gelegenheit beim Schopfe genommen: die eine über die eine andere.

In der Kindheit war Nora Gomringers Leben eine schnelle Abfolge von wechselnden Zuständen: auf Reisen, auf dem Land, im Gespräch, um Hunde herum und immer wieder auf Reisen. Daran hat sich nicht viel geändert, weshalb sie manchmal denkt, sie habe sich den einfachsten Weg von allen denkbaren gesucht: nicht Medizin studiert, sondern bei den Kinderschuhleisten geblieben. Geschustert wurde aber viel in der Zwischenzeit. Mancher sagt, sie habe die *poetische Praxis des Vaters* übernommen. Also doch eine Art Medizin. Nun, alles Schreiben ist nach Thomas Mann ja Therapie. Das weiß sie auch von ihrer klugen Mutter.

War Nora Gomringer früher reisend aufgrund des Dichtervaters und der Wissenschaftsmutter ist *sie* es seit über zehn Jahren, weil primär sie gemeint ist. Von den ersten lyrischen (ja, auch reimenden!) Anfängen in der *Grundschule über das Wehklagen auf Tagebuchseiten in* den Zwischenjahren zum schriftstellerischen, dramatischen Schreiben im Gomringer-Haus war es ein seltsam vorbereiteter Weg. Zwar heißt es oft: „Bei *den* Eltern kein Wunder!“, doch ist sie in der Gruppe von sieben Brüdern die einzige, die sich beruflich der Lyrik zuwendet.

Wird Nora Gomringer eingeladen in Schulen, zu Festivals, in Literaturhäuser, Salons, zu Soireen, Matineen oder Podiumsdiskussionen, liest sie aus ihren Büchern. Fünf Gedichtsammlungen sind es bisher. Text-Behälter sind diese Bücher, die Sprechtexte, Gedichte, Aphorismen, Prosaskizzen enthalten. Von der Terminologie in der Lyrik hat Nora Gomringer so ihre Vorstellungen.

Weil sie denkt (und weiß), dass jedes Ding einen Namen hat, der gleichzeitig gedankliche Beschwörungsformel für das Bild hinter dem Ding ist, ist ihr die Benennbarkeit der Welt ein Anliegen. Dabei nicht enzyklopädisch, *eher emotopographisch* sein: die Welt in Begriffen des Fühlens erfahren und befestigen, allerdings ohne Verschwurbelung und nur dosiert besinnlich, bitteschön!

Die Vielsprecherin nennt manche ihrer Texte „Sprechtexte“ und versteht diese als Monologe, an denen im Schreibprozess sowohl dramaturgisch als auch lektorierend gearbeitet wurde. „Gedichte“ sind bei Nora Gomringer augenscheinlich reduziertere Gebilde in Zauberformeln formulierender Art. Nächtliche Sprachtastung unter viel Decke, während der Sprechtext an einem Schrei-Tisch entsteht – *ach, Kategorien sind die Hölle!* Weil oft das Gegenteil vom Gegenteil genauso zutrifft.

Die Betonung in allen Arbeitsweisen liegt auf dem Versuch zu klingen. Wenn sie sich etwas wünschen dürfte, so wäre es, immerfort klingende Lyrik zu lesen und schreiben zu können. Die Wurzeln für diesen Wunsch? Die *Pflanze Gomringer* ist ein *Pilz* mit einem weit ausgebildeten, unterirdischen Flechtwerk. Dieses Myzel ist hartnäckig interessiert an Menschen und dem Schreiben, verschiedenen Sprachen und den privaten, oft banalen Geschichten in Zwischenzeilen und Seufzern, dazu ist es rigoros beim Einnisten in Wände und immer auf der Suche nach Idealbedingungen.

Das Gomringermyzel hat sich um die Konkrete Poesie, die Konstruktive Kunst, amerikanisch-minimalistische Lyrik der achtziger Jahre und die Raptexte der Neunziger geschlungen.

Das *Kind einer dichterischen Legende* zu sein, hat Nora Gomringer fabulierend gemacht. In jedem Deutschbuch taucht ein Ideogramm, ein Text des Vaters auf, in einigen jetzt auch die Texte der Tochter. Das Schreiben ist zum Arbeits- und hauptsächlichen Lebensinhalt geworden, zusammen mit den zahlreichen literaturvermittelnden Projekten. Wie der Vater vor Jahren bereist die Tochter für das Goethe Institut Teile der Welt, auch mit DJ Kermit, ihrem wackeren Mitstreiter in Sachen Kulturträgerschaft und HipHop.

Gomringers Themen sind – auch Dank ihrer familiären „Vorbelastungen" – befreit von der Unbedingtheit, Tragik verarbeiten zu müssen. Nicht einzig und allein das Große im Gefühlskatalog ist literaturwürdig. Schon das Wort, aus seinem Verbund gelöst, ist vollständig, wertvoll und besitzt und überträgt Legitimation zur Beteiligung am literarischen Spiel. Bei Nora Gomringer kommen ein gutes Ohr für Musik und ein Stimmtraining dazu, was die Texte an Partituren erinnern lässt, notiert für einen Mund. Nora Gomringer liest ihre Arbeiten gerne vor, weil sie so auch entstehen: in einem Laut-Lese-Flüster-Murmel-Prozess. Sie besitzt eben – wie bereits angesprochen – statt eines Schreibtisches, einen *Schrei-Tisch (und der kann überall stehen).*

Der Text steht also vor dem Vortrag. Sie ist demzufolge keine Freestylerin. Nora Gomringer bewundert Dichter und Rapper und Rhetoriker, die „sprechen wie gedruckt" und „das Verfertigen der Gedanken beim Sprechen" so absolut beherrschen. Sie schreibt und lernt dann auswendig, wenn es leichtfällt. *Schreiben also immer vor allem.* Auch im Leben – und *das ist lästig.*

Schreiben, so stellt sie fest, macht unsozial, unpünktlich, unleidlich, nicht selten unglücklich, selten reich, selten glücklich. Auch die Partner und Familien von Autoren sind betroffen!

Deshalb steht vor dem Hochseilakt des „Textens" die Ermutigung durch andere, der Großmut der Engsten, Demut und Mut der Texterin selbst.

Nora Gomringer rät Ihnen, bei ihrer wunderbaren Kollegin, der österreichischen Lyrikerin Barbara Hundegger, die von ihr sehr ähnlich abgefasste Schreibpräambel anzufragen, oder noch besser: gleich ein Hundegger-Buch zu erwerben. Nora Gomringer würde Sie gerne beraten in der Auswahl zu beobachtender LyrikerInnen und auch bildender KünstlerInnen. Sie hat einen Hang zur Vernetzung und sie lobt gerne, weil sie viele Dinge gut finden kann.

Persönlich und ganz privat findet Nora Gomringer Möpse sehr nett. Die Hunde, von denen sie sich einen wünscht, wenn sie etwas sesshafter geworden ist und die ihr Partner scheußlich findet. Sie gestaltet Collagen und baut kleine Schaukästen, die sich thematisch an literarischen Zitaten aufhängen. Sie freut sich über ihre Zusammenarbeiten mit internationalen Dichtern, Musikern und Institutionen wie der Literaturwerkstatt Berlin, Skrivekunst Akademiet Bergen und dem IKKP Rehau. Einmal hat sie in vier Monaten 47 Auftritte in acht Ländern absolviert. Nebenbei hat sie versucht, ihre Promotion abzuschließen. Darin befasst sie sich mit ihrer Leidenschaft für das Horrorgenre im amerikanischen Film.

Nora Gomringer oszilliert zwischen verschiedenen Lebensräumen: Bamberg, Rehau, Welt. Während sie weiterhin gerne den Slam in Bamberg organisiert, nimmt sie nicht mehr an Slams teil. Manche ihrer Texte sind „slamtauglich“, in diesem Zusammenhang oft geprüft und im Textschatz der Bewegung als „Klassiker“ anerkannt. Darüber freut sie sich und ist vielen Kollegen in der vielfältigen, deutschsprachigen Performer-Szene sehr dankbar. Allen voran den wenigen Frauen in der Slamily, die mittlerweile auch große Erfolge in musikalischen und literarischen Projekten feiern können (Fiva MC alias Nina Sonnenberg, Mia Pittroff, Lydia Daher, Mieze Medusa u.v.a.). Poetry Slam ist eine große Schule für die sprachlich-effektvolle Inszenierung von Texten, nicht unbedingt ihr Abfassen.

Home is a feeling hat Nora Gomringer mal auf einem Plakat gelesen. Das kann sie so unterschreiben.

Das Haus der Wörter meines Vaters

Der alte Hof. Der grüne Baum. Der große Garten. Die steilen Treppen. Das braune Holz. Der tiefe Keller. Die bellenden Hunde. Die Reisen des Vaters. Die Stimme der Mutter. Die Stimme des Vaters. Die Regale voller Bücher. Die monochromen Bilder. Die Gedichte an den Wänden. Das braun gelockte Kind. Die fremden Brüder. Und die nahen. Die raue Stille. Das laute Lachen.

Mein Vater lacht gerne, und er hat einen guten Humor. Das heißt, wir lachen über dieselben Dinge, was wiederum heißen könnte, dass wir einfach nur verwandt sind und nicht unbedingt guten Humor haben. Wir verstehen uns in bestimmten Sachen. Das will ich wohl sagen. Aber, indem ich es schreibe, sage ich es ja nicht. Hier schreibe ich es. Darüber, wie es ist, in einem Haus mit monochromen Leinwänden, bunten Hunden, Rosenthal-Unikaten und Gedichten in Bilderrahmen aufzuwachsen, will ich berichten.

Meine Mutter und ich bezogen Wurlitz 22 im Jahr 1982. Mein Vater hatte zu diesem Zeitpunkt bereits sechs Jahre dort gelebt, das ganze Haus umbauen lassen. Noch sieben Jahre war der nahe Grenzstreifen des Dreiländerecks BRD-DDR-Tschechoslowakei Ziel unserer Ausflüge mit Verwandten, Freunden und Neugierigen aus aller Welt. Wurlitz, ein kleiner Ort bei Rehau (mittlerweile ist er eingemeindet), kennt keine Straßennamen, nur nummerierte Häuser. Wurlitz 22 war bis in die sechziger Jahre eine bekannte Dorfwirtschaft. „Zum grünen Baum“ ging man, um das schwarze Konfirmationskleid auszuführen oder Geselligkeit in der sonst wortkargen Frankenwelt zu üben. In den frühen achtziger Jahren weilten noch Max Bill, Ernst Jandl und Philip Rosenthal unter den Lebenden. Porzellan war noch eine gute Wirtschaft, obwohl unsere oberfränkische Ecke der letzte Außenposten Bayerns war und wir oft genug vergessen wurden vom harten

Münchner Kern. Auch das Feuilleton unserer Landkreiszeitung war gut. In Selb lehnte man sich bewusst an Bauhaus-Traditionen an. Heute heißt nur noch ein Baumarkt wie die große Bewegung.

Ich war also zwei, als ich Wurlitz kennenlernte. Der Ortsname ist gedächtnissynonym mit dem Haus, das wir bewohnten. So hat es etwas Hochherrschaftliches, wie *Falcon Crest* – auch so eine schöne Unsäglichkeit der Achtziger.

In Wurlitz, dem Haus, bewohnten wir manche Zimmer und manche nicht. Einige waren Gästen vorbehalten, Gesellschaften, der Kunst. Andere waren den Kindern, den Hunden und dem Familienleben gewidmet. Alle waren kalt. Wir heizten selten, ich hatte typische oberfränkische Mandelentzündungen, die in den achtziger Jahren noch mit sehr viel Penicillin (dem echten) behandelt wurden, weshalb ich heutzutage vollkommen immun gegen bestimmte Sorten bin. Die Gespräche am Mittagstisch drehten sich um Mallarmé, Lektüreeindrücke meines Vaters, meine Schulnoten, als ich dann zur Schule ging und ... ja, was noch? Ich muss passen. Ich erinnere mich nicht mehr.

„Große Kräfte wirken leise/ gleichen Wolken auf der Reise./ Kleine Kräfte wirken laut/ weil sonst keiner auf sie schaut." Dieser Auszug eines – für meinen Vater eher ungewöhnlichen – Textes hing an prominenter Stelle in unserem „Hunde-Wohnzimmer". So einfach, klar und nachvollziehbar er mir heute scheint, so verschlossen war er mir lange Jahre. Ich hatte ihn einfach nie mit Verstand gelesen. Ich hatte hingesehen, ihn nachgesprochen, aber eben nie mit Verstand, sondern mit Mund und Augen und Ohren.

Einzelsinnig. Große Drucke auf Leinwänden ließen die Buchstaben wandern, sich drehen, sich zu neuen Zeichen alter Alphabete verkleiden. Die *konstellationen* meines Vaters hingen an den Wänden und ließen meine Freundinnen staunen, wenn sie zu Besuch kamen. Und mich haben sie Jahre später zu der Aussage im Gedicht *Fortsetzung* hingerissen, dass ich vier oder fünf gewesen sei, als ich bemerkt hätte, dass meine Eltern seltsam waren. Natürlich hat diese Überlegung mit der Erfahrung zu tun, dass kein anderer Haushalt in der Nähe seine Landschaftsmalereien oder Stillleben aufgegeben hätte für ein paar schräge Buchstaben. Mit dem Erwachen der Wachheit für die Welt musste ich dann konstatieren, dass die Eltern meiner Freunde seltsam waren, wenn sie sich mit zu wenig Fantasie auf solches einließen. Solches war schließlich meine schräge Welt. Mein Vater war, wenn nicht da, doch präsent. Der Raum, in dem mein Vater lebt, das merkt man auch jetzt in dem neuen Haus und Lebensraum, den er mit meiner Mutter teilt, ist von der Sehnsucht nach Klarheit, Linien und Horizonten geprägt. Meine Mutter und ich sind da ganz anders. Während mein Vater mit mehr Durchsetzungswillen durchaus eine Chance auf eine Horizontlinie bei seinen Besitztümern erreichen könnte, sind wir ohne Limit, besitzen viele Dinge, an denen wir uns maßlos freuen und füllen Papas Welt zu einem Maße an, das ihn stört. Immerhin ist er der Mann, der die „Weißheit“ des Blattes wie kein anderer respektiert, die Leere monumentalisiert im Gedicht *schweigen*. Weiß steht im Werk meines Vaters nicht für „zu Erwartendes, noch zu Füllendes“, sondern für Meditation, zu kostenden Luxus, Großzügigkeit. Um jedes Wort entsteht eine Aura, wenn man es zulässt. Und das besonders beim Anblick der gewählten Typographie, nicht nur durch seinen Klang. Ein Bild aus Worten buchstabiert die Welt, ohne sie zu beschreiben. Diese prosaische Haltung – die Welt zu beschreiben, sie in Hypotaxen binden zu wollen – verschreckt die Konkrete Poesie, die ihre eigene Sprachkraft einsetzt, um Inhalte auf der Weltoberfläche zu verteilen und sie auf natürliche Weise einwirken zu lassen. Im Vergleich hierzu ist die Prosa eine Vorbeterin, eine Oberfläche für die Weltinhalte.

Die große Sammlung Konkreter Kunst, die mein Vater als Grundstock für das Museum für Konkrete Kunst nach Ingolstadt gegeben hat, war in den Räumen im ersten Stock und im Esszimmer verteilt. Ein riesiger Uecker hing gegenüber dem Klavier, an dem ich lange Jahre Stunden bekam und meiner lieben Frau Klenske meine Musikalität und Faulheit bewies. Kausels monochrome Farbflächen mit Pigmentnummerierungen bedruckt, Horst Antes' Weinetiketten, Paolozzis keramische Tisch-Intarsie, Morandinis und Vasarelys Einflüsse. *baum kind hund haus* – gelangten bei meinem Vater zu Ehren, und das zu Recht. In diesen einfachen, elementaren Begriffen, sortiert auf großen Blättern, umriss er jedermanns Welt. Das Natürliche (baum), das Kreatürliche (kind, hund), das Geschaffene (haus) und die Rhythmisierung der Begriffe auf dem Blatt, ihre permutative Setzung auf der Seite spiegelt den Lebenskreis. Ich weiß nicht, warum man sich um diese Texte mit so vielen Fragezeichen besorgt. Sie sind eindeutig, konkret in ihrer Aussage, unsentimental, aber bewegend. Sie sind geistvoll, gut für den Geist.

Das Haus, in dem ich aufgewachsen bin, gibt es nicht mehr und gleichzeitig doch. Mittlerweile ist mein Bruder Stefan mit seiner Frau und der Tochter Nelly dort eingezogen. Ich glaube, Nelly sieht die gleichen Geister wie ich, als wir in Wurlitz 22 wohnten. Es ist schön, die Räume mit anderen Möbeln und die Lebensräume neu interpretiert zu erleben. An dem großen Esstisch aus Holz sitzt man nun zu jeder Tages- und Nachtzeit. Das Haus besitzt ein verzweigtes Kellersystem, viel kalten, nassen Stein und herrliche Sommertage in seiner Erinnerung. Im Garten liegen die kleinen Leichen zahlreicher Meerschweinchen, die großen Leichen von ein paar Hunden, die uns begleitet haben und die wir oft vermissen. Mein Bruder und seine Frau haben zwei alte Pferde in den Garten gebracht, Loriot und Svalla. Die beiden Pferdeherrschaften sind die stillen Beobachter der Veränderungen. Mit größtem Stoizismus ertragen sie unsere Welt.

Die Winter sind oft sehr kalt, wir fürchten dann um die Herzen des Komikers und der Schwalbe.
Die Schweizer Autorin Zoe Jenny beschreibt in der ersten Szene ihres Debüts *Das Blütenstaubzimmer* den Geruch der Druckerei ihres Vaters. Den Stein und seine Schwere, Feuchte. Die Lektüre war mir so eindrücklich, dass ich mich einmal von meiner Nase durch unser altes Haus führen ließ und Wechselzustände fand, bestimmt von Tieren, baulichen Situationen, unserem Leben und Mutters wunderbarer Küche. Ein reiches Leben in unserem weißwandigen Haus.

Das Haus meines Vaters ist die Adresse seiner Wörter. Hier findet der Dichter die Wörter, die er aufstellen, verwenden möchte, die ihn zum Schriftsteller einer schattenwerfenden Graphik machen. Und in diesem Haus war auch Platz für meine ersten Wörter, die ersten Schriften, die Texte meiner Mutter, ihre Vorlesungen, denen ich am Badewannenrand lauschte. Das Gretchen Sackmaier, die Märchenwesen Becksteins, der Grimms, dazu Friedrich Rückert, Heinrich Heine und die Erzählungen über eine weit verstreute Familie in vielen Häusern.

Häuser, die uns als Erinnerungsspeicher dienen – mit der menschlichen Speichereinheit Sprache.

Darth Vader hat Stil. Er ist gut gekleidet im großen Schwarzen. Stil ist völlig unnötig, wenn man eine Mutter hat. Stil ist, was die eigene Mutter zu „richtig und angemessen" erklärt. Die dunkle Seite der Macht, also das „falsch", ist komplizierter, weil die Mutter nicht alle Dinge im Vornherein mit richtig oder falsch beschriftet im Leben und man erst auf die Dinge zugehen oder sie auf sich zukommen lassen muss, damit die Mutter ein Urteil über sie fällen kann. Da ist man wie die Hauskatze, die die toten Vögel heranschleppt und auf Lob hofft. Ich habe mir diese neue Frisur zugelegt, wie findest du sie, Mama? Das Interessante daran ist, dass man über die Jahre der Wiederholung dieses Vorganges ein geradezu seismographisches Gespür für die Urteilsbeben der Mutter ausbildet, das die zwingende Präsenz der Person irgendwann völlig aufhebt. Das ist der Zustand, der im Allgemeinen wohl mit „erwachsen sein" bezeichnet wird (und eigentlich nur die nicht ständige Anwesenheit der Eltern umschreibt). Meine Mutter ist eine herrliche Frau, die unseren Literatenhaushalt zusammenhält mit Kompetenz, Kommasetzung, Korrekturen, Kochen und Kritik. Ihr Urteil ist präzise, schneidend und unbestechlich, denn: Mama hat Stil. Den hat sie aus dem Mädcheninternat und einem lesenden Leben mitbekommen. Meine Mutter liest ständig seit sie kann. Und fast alles. Da Schriftsteller ja nicht immer große Leser vor dem Herrn sind, muss man sich so einen Schmetterling, einen echten Leser, einzufangen wissen und ihm einen Ehering an den Fühler stecken. Weil sie sehr selten sind.

Bei mir sind viele Fragen des Stils gar nicht erst aufgekommen, weil es mütterliches Dogma gab. Dieses Dogma hat eine eigene Meinung bis 15 relativ unattraktiv, weil völlig unnötig gemacht. Dunkelblau und schwarz verträgt sich nicht. Schuhe, Handtasche und Gürtel müssen aufeinander abgestimmt sein. Konkrete Kunst ist guter Stil, nichts Figürliches an den Wänden! Eine gute Ausbildung ist das Wichtigste. Die besten Menschen auf der Welt sind Frauen, Männer muss man erst beobachten, um ihren Charakter beurteilen zu können, und selbst nach ausdauernder Beobachtung ist Vorsicht die richtige Sicht auf die Dinge. Nach Knigge und Mutter ist es guter Stil, nicht jeden Satz eines Briefes mit „Ich“ zu beginnen. Eigentlich gar keinen. Die Fantasien einer solchen Erziehung liegen bei Ich-ich-ich-Sager-Träumen oder einem Hundepastell an der Wand, im Badezimmer, hinter dem Schrank wenigstens. Das Urteil der Mutter wird immer noch gefürchtet, egal wie weit man sich territorial oder im Alter von dem kleinen Mädchen entfernt, das man einmal war. Es hat etwas von einem Fluch, die Stimme der Mutter im Kopf abfällig wispern zu hören, wenn man die Manie des Freundes bestaunt, die ihn alles schräg aufstellen lässt. Alles. Das Bett im Zimmer, die Briefe auf der Ablage, das Buch auf dem Nachttisch, die unglaubliche Zahl der Pflegeprodukte in seinem Badezimmerregal. „Das ist doch Wahnsinn“, wispert die Kopf-Mama, was einen wohl endgültig zu Norman Bates' Schwester werden lässt. Was das Kind dabei oftmals versäumt ist, die tatsächliche, aktuelle Stellung der Mutter zu den Dingen zu befragen, weil das, was Mutters Dogma war, ja schließlich als vollkommen in das töchterliche System absorbiert wahrgenommen wird. Mutters Stil prägt Tochter, Tochter übernimmt Stil, verwirft aber im Zuge all dieser neuen, alleine gefällten Stilurteile die Rücksprache mit der Mutter, der Urmutter ihres Stils. So entsteht wohl Individualität. Ohne Rücksprache. So können extrem spießige Töchter sehr freigeistiger Mütter entstehen. Weil die eine sich weiterentwickelt und die andere gerade erst angefangen hat.

Trauriges Faktum: in Filmen hat das Böse nur selten eine Mutter, aber immer Stil.

„… deine alten Gassen flüstern Märchen“[1]

Nora Gomringer sitzt im New Yorker East Village und beschreibt Ihnen ihr Zuhause

Wenn Sie aussteigen, hören Sie „Willkommen in der Weltkulturerbestadt Bamberg“ und Sie müssen es ein paar Minuten einfach glauben, weil die Bahnhofsgegend ja in den meisten Städten nicht gleich hält, was die Ansagen einem versprechen. Gehen Sie die Luitpoldstraße entlang, einst eine stolze Patrizierstraße, in den letzten Jahren leider etwas schmucklos geworden, viele Dönerbuden, ein winziger, guter Italiener, mehrere Chinesen (darunter eine echte Perle!) und ein schönes und mehrfach prämiertes Programmkino in der Kurve, das den Namen ODEON trägt. Gehen Sie weiter, unbeirrt, und betreten Sie die neue Luitpold-Brücke, die Sie nach links und rechts auf fünf weitere (noch zu erneuernde … aber das ist eine andere Geschichte) blicken lässt, über den Main-Donau-Kanal und mit Glück auf einen Frachtkahn, der just unter Ihren Füßen das Wasser pflügt. Hier öffnet sich der Blick und Sie können anhand der angelegten Rad- und Spazierwege an den Ufern eine topographische Liebesgeschichte verfolgen: die vom Kaiserpaar und den Domstiftern Heinrich II und seiner Gemahlin Kunigunde. Stadtferner liegt der Kunigundendamm, stadtnäher, domnah, das hochherrschaftliche, männliche Pendant. Entlang der Willy-Lessing-Straße bemerken Sie sie vielleicht zum ersten Mal, obwohl Sie auf Ihrem Gang bis hierhin bereits mehrfach über sie hätten stolpern können: kleine, goldene Steine, in den Boden eingelassen und beschriftet, gemahnen an die verfolgten, getöteten, jüdischen Bewohner der Häuser in den Straßen. Diese „Stolpersteine“ werden anlässlich des Gedenktages der Auschwitz-Befreiung am 27. Januar mit Kerzen und Blumen geschmückt. Die neue Bamberger Synagoge befindet sich just auf dieser Straße, allerdings in zweiter Gebäudereihe. Je nach Sonneneinstrahlung leuchtet der Davidstern einem den Weg. Gehen Sie weiter und sehen Sie sich um, biegen Sie bei nächster Gelegenheit in die Altstadt nach rechts ab. Dort folgen Sie den Pflastersteinen, passieren die prachtvolle Barockkirche St. Martin, die lebhaften Marktstände, erhaschen einen Blick auf die kleine Parallelstraße: die Austraße, die dem besten Milchkaffee der Stadt ein Heim bietet. Das Café Müller ist das stadtweit einzige Äquivalent zu einem traditionellen Caféhaus mit internationalem Flair und wird von zahlreichen Studenten frequentiert. Kein Wunder, ein Teil der Otto-Friedrich-Universität ist nebenan. Die Geisteswissenschaften „zwingen" ja zum Gesprächsaustausch. Von da an haben Sie die Auswahl, können sich aber kaum ver-wählen, denn beide Brücken, die „obere" wie „untere" bringen Sie dem Dom näher und lassen Sie einen Blick auf die prachtvolle Barockfassade des wasserständigen Alten Rathauses und das hübsche „Kleinvenedig" werfen. Im Frühjahr haben Sie mitunter Glück und können den tapferen Kanuten zusehen, wie sie die Stromschnellen hochpaddeln. Im Sommer können Sie auch eine echte venezianische Gondel buchen und sich auf die Muskelkraft ihres Gondoliere verlassen. Sehen Sie sich auch die Fassade des Alten Rathauses gut an! Ihr Auge will und soll Sie täuschen, ganz den ästhetischen Regeln des Barock gemäß. Sie werden sehen, da ist nicht alles *nur* Fassade.

Steigen Sie dann hinan. Egal, ob Sie den Weg über den „Sand", das Herzstück der Bamberger Altstadt und Schauplatz der alljährlichen, riesigen Sandkärwa Ende August wählen und dann, vorbei am Traditionsbrauhaus Schlenkerla, links die Stufen des Katzenbergs hinaufsteigen oder ob Sie den breiteren Pflastersteinweg von der „oberen Brücke" nehmen. Sie können ihn nicht verfehlen: den Bamberger Dom auf seinem stolzen steinernen Platz, der die Anlagen Alte Hofhaltung, Neue Residenz und Kapitelhaus verbindet.

Hier stand ich 1996 zum ersten Mal und seitdem zieht es mich immer wieder genau an diese Stelle zurück. Der letzte Schritt der Steigung, die letzte kleine Biegung, die bis dahin noch den Blick versperrt, und dann: diese Majestät, ein Auf- und Ausatmen, ein Steinfuriosum, durchkreuzt von einer schmalen Straße, die einen immer wieder hinauf ziehen möchte. Die Stadt Bamberg ist übereifrig darin, sich ihrem Besucher zu präsentieren. Sie zieht einen, zerrt einen an den Augen, rüttelt einem am Geist, lockt die Nase in den domnahen Rosengarten und will nicht ruhen, bis man ihren Michelsberg, ja sogar die hoch gelegene Altenburg wenigstens betrachtet hat. Für diese römische Anlage – wie Rom hat Bamberg sieben Hügel vorzuweisen – braucht man gutes Schuhwerk und aufnahmefähigen Geist und Gaumen, denn im Sommer kann man nach all dem Wandern und Entdecken herrlich einkehren „auf" einem Bierkeller. Was hier nach Umkehrung des Gefüges klingt, wartet mit Logik auf: Die Biergärten sind auf den alten Lagerstätten der Bierfässer angelegt, die in Katakomben eingelagert wurden. Von einigen dieser Gärten hat man einen beeindruckenden Blick über die Stadt und kann ein Rauchbier genießen, während man den gleichfalls beeindruckenden Blick auf die anderen, zahlreichen Besucher der Gärten wirft. Bamberg ist bunt.

Setzen wir uns doch ein Weilchen! Wissen Sie, dass Bamberg für seine relative Größe – der offizielle Zahlenspiegel des Jahres 2008 führt 78.432 Einwohner auf – eine ganz unproportional große Anzahl an Schriftstellern und Brauereien bietet? Den Zusammenhang zwischen diesen Angaben stelle ich zur Diskussion, aber es bedarf einer besonderen Stadt, um die Figuren und Nachtalben des E.T.A. Hoffmann, das Sams des Paul Maar und die zahlreichen Kommissare der neuesten literarischen Entwicklungen der Stadtgeschichte sowie mundartliche Klänge, das Quaken des (Alten-)Burgfroschs Balthasar und die ausgezeichneten wissenschaftlichen Schriften und Anthologien zusammenzuführen und zu halten. Aus Bamberg kommt zum Beispiel auch die einzige Zeitung chinesischer Sprache für Chinesen in Deutschland. Sie wird von dem Germanisten You Xie herausgebracht, der nebenbei mit seiner Frau einen sehr erfolgreichen China-Imbiss führt.

2007 hat Bamberg 1000-jähriges Bistumsjubiläum gefeiert, 2009 feierte die Stadt E.T.A. Hoffmanns Ankunft vor 200 Jahren, und 2013 darf sie sich zum 20. Jahr „Weltkulturerbe"-Auszeichnung gratulieren lassen. Fast zwei Millionen Touristen besuchen jährlich die Stadt mit mildem, ja fast italienischem Klima, die sich unter anderem auf den Anbau von Süßholz verlegt hat. Aus 19 Ländern sind die Musiker der renommierten Bamberger Symphoniker, die 1946 ihr erstes Konzert gaben und mittlerweile Bayerische Staatsphilharmonie und offizielle Botschafter der Stadt in der ganzen Welt geworden sind. *Le Monde* hat die Symphoniker unter die 12 besten Orchester der Welt gezählt. In Bamberg gibt es eine Gehörlosenschule, deren Video-AG spannende Poesieverfilmungen vorlegt, und zahlreiche Gymnasien, darunter das meine, in dem ich vier Jahre bis zum Abitur in humanistischer und neusprachlicher Bildung geschwelgt habe. Es gibt einen riesigen, halbwilden Stadtpark an der Südspitze der Inselstadt, den Hain. In dem liegen und den lieben die Bamberger nicht nur im Sommer. Der von Dr. Goldmann, dem langjährigen Leiter des Internationalen Künstlerhauses Villa Concordia, initiierte Skulpturenweg bereichert die Stadt mit Objekten von Weltrang. So liegt eine herrliche pralle Eva des kolumbianischen Künstlers Fernando Botero – zugegeben etwas versteckt – auf einem der Märkte Bambergs und wird vornehmlich von Studenten und Professoren getätschelt. Das Kaiserpaar ruht in einem Sarkophag, der von Tilman Riemenscheider geschaffen wurde, und auf den Bamberger Reiter, den so mancher Tourist irrigerweise als große Bodenskulptur wähnt und ihn dadurch verpasst, bezieht sich auch die Gebärde für Bamberg in der Gehörlosensprache: das nachgeahmte Zügelhalten des Reiters. Der Dom ist die letzte Ruhestätte des einzigen Papstes, der nördlich der Alpen beigesetzt wurde:

Clemens II, und man hat Bamberg nicht gesehen, wenn man nicht den Veit-Stoß-Altar im Seitenschiff des Doms betrachtet hat.

Sie merken, ich kann mich verlieren in diesem Bamberg, das ich seit über zwölf Jahren bewohne und von überall in der Welt her immer wieder anpeile. Das letzte ausgiebige Gespräch über Bamberg hatte ich bei einer Hochzeit in Shanghai. Es wurde meinem Freund und mir zu unserem schönen, bekannten Wohnort gratuliert, und es wurde geschmunzelt über die überlange Bauzeit unserer Brücken, die sich bis in die fernöstliche Hafenstadt herumgesprochen hat. Aber das ist, wie schon geschrieben, eine andere Geschichte und soll an anderer Stelle erzählt werden.

Kommen Sie nach Bamberg und bleiben Sie! Fast alle meine Freundinnen, die nach dem Studium geblieben oder zugezogen sind, haben hier Kinder bekommen. Schon 1932 findet sich im 5. Bamberger Jahrbuch die ähnlich förderliche Meinung einer Leserin: „Ich denke mir, es müßte eine Gnade sein, in Bamberg Mutter zu werden. Mit einem winzig kleinen Menschen unterm Herzen durch all die Wunderbarkeiten Bambergs zu schreiten ..."

Sicher gibt es hier Menschen, die eine Enge fühlen, eine Festigkeit, die wenig Bewegung zulässt. Diesen Menschen sei gesagt, dass Bamberg manchmal einfach vergisst, dass es eine Insel ist, von großen Wassern umspült. Es gibt hier viel Augenzwinkern, einen weichen fränkischen Dialekt und „Zwetschgenbames", eine kulinarische Spezialität, die Sie probieren müssen. Ich bin mittlerweile dreimal innerhalb Bambergs umgezogen, habe in kleinen und großen WGs gelebt und wohne jetzt unmittelbar gegenüber einer Bamberger Institution: dem Puppendoktor Kluge, der mir erklärt hat, dass in meinem Haus früher das Zeughaus des Theaters untergebracht war. Insgeheim scheint es mir oft, als ob Herr Hoffmann vorbeikäme, Berganza brav vor der Türe schwanzwedelnd, und als ob er durch die Räume streifte, bei allem Vorbehalt gegenüber dem Ort auch mit der Zufriedenheit desjenigen, der hier viel gefunden hat von dem, was sein Herz begehrt.

1 Zitat aus „Bamberg im Urteil der Frau“, veröffentlicht im 5. Bamberger Jahrbuch 1932 - Rück- und Ausblicke, hrsg. von Dr. Schneidmadl, Verlag des Bamberger Jahrbuches, Bamberg, S. 100.

Gedichtanalyse 2.0
(keine Angst, nicht wie in der Schule!)

Obwohl ich gleich einwenden möchte, dass die Gedichtanalyse in der Schule einen viel zu schlechten Ruf abbekommen hat. Wer sich von einem Gedicht quälen lässt, der ist selbst schuld!

fliegt strömt entgegen
fliegt breitet sich aus
fliegt umhüllt
fliegt verdünnt sich
fliegt löst sich auf
fliegt

Dieses, Dein Gedicht, lieber Papa, ist eines meiner Lieblingsgedichte. Es ist leicht, trotzdem entbehrt es nicht einer gewissen Dramatik. Es verbindet Leichtes mit Metaphorischem, eigentlich Metapher mit Metapher, denn etwas fliegt und etwas Weiteres strömt. In der Art, wie es ausgedrückt steht, muss das eine ja nicht gleich das andere sein.

Das ist eine schöne Parallele zu Dir. Das eine muss ja nicht gleich das andere sein. So denkst Du, spartenlos, und bei Dir fliegt es nur so. In der Vorausschau auf dieses Jahr waren es unzählige Pläne, Gedanken, Befürchtungen, strategische Überlegungen – und die dauern an! Meine Damen und Herren, jeder der schon mal einen großen Geburtstag organisiert hat, der weiß, von welchem Maß an Aufwand ich hier spreche. Meine Eltern arbeiten vereint mit der Stadt und Sponsoren, mit aller Energie und Kraft an: der Vorbereitung eines anderen, nicht des eigenen!, Geburtstages: zehn Jahre IKKP in Rehau.
Das ist ja schon lang ein Schulkind, so ein zehnjähriges Wesen. Und das IKKP, ein quasi zugereistes Kind der Stadt, ist mittlerweile angekommen und recht fröhlich in seiner Heimat. Die Stadt und die Presse, einzelne Förderinnen und

Förderer, ja, Freundinnen und Freunde stützen das Haus-Kind, haben es sogar lieb gewonnen, erlauben ihm, Gedankenräume auszubauen, von den Kindermöbeln nach dem zehnten Jahr zur Ausstattung des Jugendzimmers zu graduieren.

Ein Haus ist eine Begegnungsstätte und nicht nur ein Aufbewahrungs-, ein Verwahrungsort. Unser Haus ist ein *think tank*, ein Kunst-Pool, es ist ein wahres Kunsthaus, in dem die Arbeit der eingeladenen Künstler herausgestellt wird, Glanzlichter auf Werke gerichtet werden und man das Hinschauen neu für sich lernen kann. Das ist typisch für Dich, Papa. Die Planung für andere. Das Fördern anderer. Dieser Tage und in dem heißen Rummel um meine Ernennung zur neuen Direktorin des Künstlerhauses in Bamberg, bin ich mit einem Journalisten der *SZ* zusammengetroffen, der mich mit den Worten: „Ich liebe Ihren Vater!" zum Interview gebeten hat. Diesen Mann hast Du schon Zeit seines Studiums motiviert und mit Deinem Werk zutiefst und im Innersten angesprochen. Und als er Dich vor ein paar Jahren im Kunsthaus besucht hat für die Zeitung, war er – wie er mir jetzt anvertraut hat – so hingerissen, so zögerlich, so beeindruckt, dass es ihm immer in Erinnerung bleiben wird, wie „normal" Du warst und auch wie brillant. Mamas Küche hat der Herr übrigens auch überschwänglich gelobt! Deinen brillanten Geist, liebe Mama, ohne den die Arbeit des Papas sicher nur halb so beseelt wäre, hat er mit Deinem Braten verwechselt. Männer ...

Er muss wohl einen sehr guten Artikel geschrieben haben, der Dir gefallen hat, denn das, was ihn am meisten getroffen, berührt und, ja, verliebt in Dich gemacht hat, war: dass Du ihm Deinen Dank mitgeteilt hast. Du hast Dir die Zeit genommen, per Hand einen Brief zu schreiben, der laut und deutlich Deine Verbundenheit zum Ausdruck gebracht haben muss. Das hat sehr beeindruckt.

Wenige haben einen, meist handgeschriebenen Brief meines Vaters erhalten. Er sieht es als gute Form, als seine Arbeit und, ja, auch Freude an, alle Briefe zu beantworten. Die Damen vom Postamt in Rehau mögen den Herrn Professor sehr und das sicher nicht nur als guten Kunden, nein, sondern weil er täglich vorbeigeht und seine Post aufgibt. Gomringer schreibt, seine Zeilen strömen Adressaten in der ganzen Welt zu.

Briefe beantworten ist oft schwer, manchmal langweilig, sehr oft müßig und ebenso oft undankbar. Aber es ist immer eine Geste. Ein Brief ist ein Anklopfen. Und ein Gegenklopfen in dieser Welt. Zwei unterhalten sich mit zeitlicher Verzögerung, aber sind im Geiste verbunden, im Einklang.

Dieses Klopfen breitet sich aus, der Klang wird hörbar. Seit Du in den fünfziger Jahren mit Deiner heute als wesentlich für die Geschichte der deutschen Literatur nach 1945 angesehenen Arbeit begonnen hast, kennt Dich die Welt und Du kennst sie. In zahllosen Lesereisen hast Du Südamerika, Nordamerika, Afrika, Europa bereist, und wo ich heute nun hinkomme, um ebenfalls dort zu lesen, da fragt man mich: „Are you the daugther of Eugene Gomringer? Are you related to ‚the' Gomringer? Sent Sie's Töchterli? Eres hija de Eugenio Gomringer?“ Und es fragen mich die Journalisten: „Ist das nicht nervig?“ Und ich sage: „Nein. Es ist gut so.“

Denn ich erlebe Dich selten als Autor. Ich weiß nicht, was die Leute sich vorstellen, aber wir sitzen ja nicht um den Tisch und wispern uns unsere neuesten Zeilen zu, loben einander dann oder sagen: „Da musst du dich jetzt aber noch mal hinsetzen und dran feilen!“ Nein, wir reden oder schweigen über alles andere. Ich lerne Dich als Autor in der Welt kennen, in die ich hinausgehe. Das sind die Zeilen aus Deinem Werk, die mir Jahre voraus sind, die da draußen schwirren, fliegen, die die Welt umhüllen. Hier, wo Du wirkst und lebst, da bist Du ein anderer. Da förderst Du und hältst Ausschau aus dem zweiten Stock nach neuen Talenten und ästhetischen Problemstellungen, die es einem Publikum nahezubringen gilt.

Lieber Papa, so verdünnst Du Dich auch. Und das auf sehr feine Art und Weise, von der ich lerne. Nichts nerviger als ein Platzhirsch, ein Kampfhuhn, Leute, die mit negativer Omnipräsenz keinen Nutzen für andere bringen. Dein aufrichtiges, zeitintensives Engagement für andere UND Deine künstlerische Außenwirkung lassen Dich heute diese hohe Auszeichnung empfangen. Wie schön ist es, dass Dich Deine Wahlheimat, die Stadt Rehau, hier im Kreis von Gratulanten, Freunden und Familie, in so vielem erkennt und schätzt.

In Deiner Arbeit löst sich die Leichtigkeit oft in das Wesen der Kunst hinein auf. Deine Heiterkeit und Dein großer Humor geben Dich als weltverständigen, kaum in Schrecken zu versetzenden Mann aus, eben auch als einen Offizier der Schweizer Armee, einen trainierten Geist.

Und so fliegt es immer weiter um Dich, in Dir. Du weißt, wie alt Du heute wirst und nur Du weißt, wie diese Zahl in Dir aussieht. Ich sehe Dich an und ich sehe keine Zahl, ich sehe eine ganze Summe.

Mein lieber Papa, im Namen von René, Tilman, Stefan, Peter, Clemens, Martin und Robert und in meinem, den Namen Deiner Enkel und Urenkel sagen wir: „Flieg weiter und nimm uns hin und wieder mit auf Deinen fließenden, so der liebe Gott möge, gut behüteten Reisen!"

So, Analyse zu Ende, war hoffentlich nicht so schlimm. Gedichte sind etwas Schönes, vor allem die, die viele Leerstellen lassen, die man dann auffüllen kann – wie hier geschehen.

Ich habe übrigens auf die Interviewanfrage des SZ-Journalisten völlig ohne Zögern gesagt: Schön, dass sie meinen Vater lieben, ich tu's auch.

Mund:artig.
Die Nachflüsterin

Mein Mund:artig ist ein Faktum, weil es mein Mund ist, der mir das Problem bereitet. Er ist *zu* artig, spricht keinen Dialekt und die paar mundartlichen Sätze, die er versucht, geben ihn als Schauspieler preis. Dabei trennt mich mein Unvermögen von vielem: der Vergangenheit meines Vaters, meinem Vater in personam, meinem Verleger, der Verkäuferin im Geschäft meines Wahlheimatortes, einigen Freunden. Ohne dialektale Einfärbung der eigenen Sprache und ihrer durch den Dialekt spezifischen Melodie, wer ist man da? Ein Wesen, das sich nicht lokalisieren lässt, das unter dem Radar verschwindet, das überall leben kann, aber nirgendwoher kommt.

Ich habe ein Talent, das mich Hochsprachen imitieren lässt. Im Amerikanischen perfekt, im Russischen annehmbar, ebenso im Spanischen und in Ansätzen im Chinesischen. Ich habe mich in der Schule mit den „toten" Sprachen beschäftigt, kann ein Graecum, ein Latinum und die Ansätze eines Hebraicums vorweisen. Ich bin vielleicht so etwas wie sprachbegabt. Geht es aber an Dialekte, dann erstarre ich vor Ehrfurcht, mein Mund wird „artig". Ich erkenne rückblickend an meinen Texten, wo ich mich wieder einmal abgearbeitet habe an den Aufgaben, die die Sprachen mir stellen.

Das Fränkische war mein Klima, das mütterliche Rheinische und das väterliche Züridüütsch mein häusliches Wetter.

Ich könnert Ihnen etzat scho a weng was auf Frängisch erzälln, aber des klingt Ihna villeicht net so schee in die oarn. Ich waß net.

Das Fränkische ist ein Dialekt der Bauern im Norden Bayerns. Es ist heimelig, verrät Naivität, Neugier und Interesse, ist aber auch – wir nennen es dort – stoffelig, espritlos. Es klingt einfach, ist in seinen *sound patterns* einigermaßen nachvollziehbar und lässt sich problemlos verschriftlichen. Alle Plosive werden *waach wira gertzen* und die Vokale erfahren eine mehrfache lautliche Ausdifferenzierung: So hat mein Name im Fränkischen nicht die ebenfalls schriftlich dargelegten zwei Vokale, sondern drei. *No-a-ra,* schallte es durch die Schulhäuser meiner Kindheit.

Das Rheinische meiner Mutter ist die Schnoddrigkeit, *dat Jecke,* die Ausgelassenheit und Bürgerlichkeit und in ihr die niedrigere Klasse. Es ist die Sprache meines religiösen Selbstverständnisses. Der rheinische Katholizismus lässt Menschlichkeit, Fehlbarkeit zu und sein Singsang ist tröstlich. In dieser Sprache wimmelt es von den Erinnerungen meiner Mutter, ihren Schul- und Jugendtagen. Das Rheinische fasst die Geschichte meiner Mutter zusammen.

Das Züridüütsch meines Vater ist unerreichbar. Für mich. Vaters Verhältnis zur Sprache ist monströs gut. Er ist, wie meine Mutter, im Fluss mehrerer Sprachen zu Hause. Aber seine Grund-Sprache ist das Züridüütsch seiner Kindheit. Ich war kein rebellisches Kind, oft darauf bedacht zu gefallen, einfach und umgänglich zu sein. Meine einzige Erinnerung an frühe Emanzipation ist, wie ich die vom Vater eingebrachten Vokabeln, das Velo, das Glace, den Hotelier, das Bürli, die Wähe, grundsätzlich ablehnte und wir dadurch aneinandergerieten.

Sitze ich in einem Taxi in New York, wo wie es scheint, keiner the *Queen's English* vertritt oder *American Standard* spricht, verunsichere ich den Fahrer, wenn er mich fragt, woher ich denn käme, wenn ich sage, dass ich Schweizerin, Deutsche, jedenfalls nicht Amerikanerin bin. Es ist eine Irritation, wenn die Herkunft nicht durchschimmert. Da fällt man schnell in die Kategorien der Welt, Allgemeinheit, wird der möglichen Spionage verdächtigt. Die eigentliche Dialektlosigkeit lässt mich fühlen, wie entfernt ich von den Orten meiner Kindheit bin, die doch sehr tief in mir liegen und die deshalb nach Textproduktion rufen! Der Dialekt wird zum Sehnsuchtsort.

Arbeit mit dem Dialekt hat mir bisher verschiedene Reaktionen eingebracht: Kollegenverärgerung, Kritik, Lob und mehr Arbeit.

Für eine Kinder-CD habe ich einen Text mit schwiizer-dütschen Vokabeln geschrieben, den fanden ein paar meiner Kollegen nicht nur seltsam, sondern geradewegs vermessen. Wie meine Kollegen war ich dem Aufruf des Verlegers gefolgt und habe mich bemüht etwas Kindgerechtes, Dialektbezügliches zu schreiben, was mir – zu meinem Erstaunen – sehr schwergefallen ist. Ich konnte mich lediglich auf mein Ohr für den Dialekt berufen, habe mich mutig versprochen, meine Mundfertigkeit der Redakteurin zur Kontrolle vorgeplappert und habe über ihre Verbesserungsanmerkungen erfahren, was es heißt, genau im Dialekt zu sein. Spreche ich Fränkisch mit Freundinnen, die genau aus diesem Sprachumfeld kommen, es mühsam hinter sich gelassen haben, sich buchstäblich in die Hochsprache buchstabiert haben, dann werde ich für mein *code switching* im kleinen Format mit fragenden Blicken belegt. Oft – und das habe ich erst nach einigen Gesprächen herausgefunden –, weil sie sich bevormundet, gar verspottet gefühlt haben. „Was willst DU hier?", fragten ihre Blicke – in unserem Dialektort?

Vielleicht ein Visum, habe ich da schon so manches Mal gedacht. Eine Aufenthalts-, Arbeitserlaubnis. Zumindest eine Duldung.

So arbeite ich mit dem Dialekt, um den Dialekt herum und nähere mich seitlich an, bin eine Zuhörerin, eine Nachflüsterin, eine mit platter Nase an der Schaufensterscheibe Klebende.

Was tun, wenn der Mund artig ist und die Sprache aus ihm nicht mundartlich? Immer weiter üben, das mundartliche Sprechen und das hochsprachliche Schweigen, nehme ich mir vor.

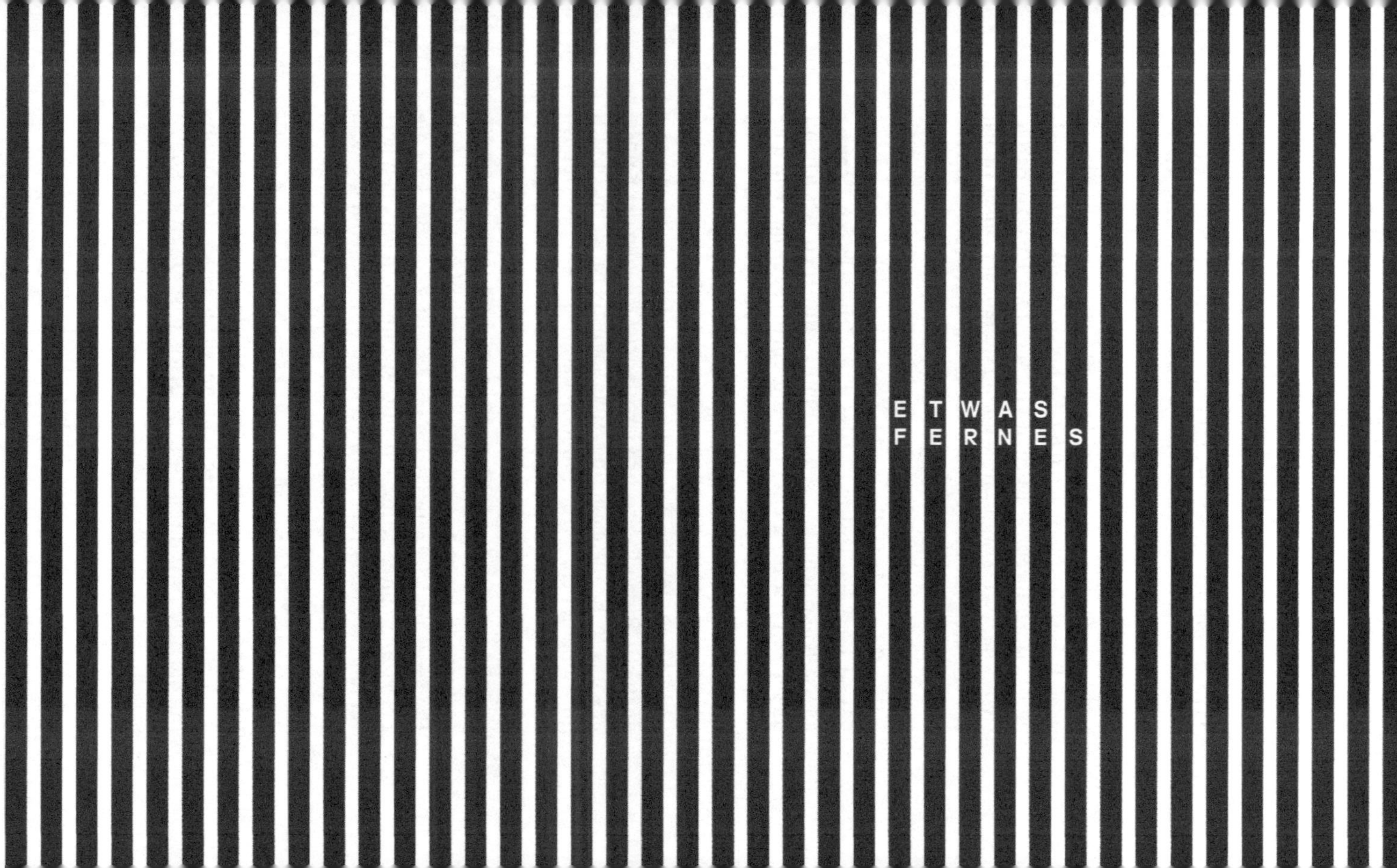
ETWAS
FERNES

Mittlerweile haben wir in unserem vornehmen Salotto, dem Wohnzimmer-Salon mit vier Meter hohen, stofftapezierten Wänden, auch einen geschmückten Baum, eine Fichte vom Festland. Unsere Herkunft lässt uns wie Schwestern in dieser Seemannsstadt stehen. Der Baum und ich, wir zwei Bräute im Hafen ... Ich lebe in einem sehr alten, riesigen Palazzo direkt am Canal Grande. Der Palazzo Barbarigo della Terrazza macht seinem Namen alle Ehre: Er hat eine namengebende Terrasse, die einen weiten Blick auf die Häuser zwischen Ponte Rialto und Accademia erlaubt. Hier haben sich einst müßiggängerische Damen der venezianischen Gesellschaft die dunklen Haare von der intensiven Sonne in „venezianisches Blond" bleichen lassen. Rainer Maria Rilke schildert seiner Frau Clara einen Besuch auf dieser Terrasse in einem Brief. Die ehemals reiche Gemäldesammlung, die im Haus zu findenwar, ist mittlerweile Teil des Besitzes der Eremitage in Sankt Petersburg. Während ich hier bin, habe ich Tag und Nacht Zugang zur Bibliothek des Deutschen Studienzentrums. Zusammen mit vier weiteren Stipendiaten, die hier auf den Gebieten der Kunstgeschichte, Romanistik und Amerikanistik forschen, bin ich gut aufgehoben. Drei Bibliothekarinnen, eine Sekretärin und ein umtriebiger Zentrumsdirektor sorgen sich um uns, schaffen Verbindungen, laden zu Vorträgen, Diskussionen und Gebäck ein. Am 18. Dezember gibt es eine interne Weihnachtsfeier. Ich nehme an, dass die venezianische Zugehfrau Francesca und der sehr lässige Hausmeister Signore Fior die Feierlaunen ihrer deutschen Mitbewohner ein bisschen nerven, aber sie sind geduldig mit uns und vor allem mit meinem mehr als lückenhaften Italienisch, in dem das meiste noch nonverbal kommuniziert werden muss. Venedig ist die Stadt des Welthandels. Da hilft seit jeher ein Lächeln im Sprachwirrwarr.

Stefano, der Ladenbesitzer eines Indiashops um die Ecke, erzählt mir auf Englisch, dass er seit 26 Jahren in Venedig lebt und eigentlich ein Römer sei. Er hält es nicht wirklich gut ein ganzes Jahr auf der „Insel" aus, sagt er, und gehe deshalb regelmäßig für ein, zwei Monate nach Goa, wo er auftanken, Weite sehen und vor allem im Meer schwimmen könne. Auf die Frage, was er am meisten vermissen würde in Venedig, sagt er prompt: „Einen Hund!" In Rom hatte er Hunde, die das venezianische Leben mit dem Wasser und ohne einen richtigen Flecken Grün einfach nicht ertragen hätten. Jetzt hat Stefano einen Kater, der berühmt, weil literarisiert ist. Es ist ein schwerer roter Kater, der den Namen Van Gogh trägt, aber noch über beide Ohren verfügt. In dem Geschichtenband *Venedig, deine Katzen!* (BoD) der deutschen Autorin Angela Viegas ist sein Leben eines von 18 porträtierten Felidae-Leben. Van Gogh darf man nicht streicheln, weil er sonst aufwacht und seine Schlafmäuse nicht zu Ende jagen kann. An einem regnerischen Tag wie diesem hat er davon so einige zu fangen. Stefano lädt mich in einen der beiden Jazz Clubs in Venedig ein und ermahnt mich, Gummistiefel zu tragen, weil er unter Niveau liege und deshalb schon mal geflutet wird, was der Stimmung aber keinen Abbruch täte, wie er mir versichert. Ein Jazz Club, der unter Niveau ist – schon das, ein Grund hinzugehen.

Habe ich übrigens erwähnt, dass ich Nachbarin von Donna Leons Commissario Brunetti bin?

Frau Namukasa lernt schwimmen
Eine Ledig-House-Spätsommernovelle

Namukasa ist ihr Nachname, und sie mag ihn nicht, weil sie ihn mit der Göttin des Wassers teilt. In Uganda ist die Göttin des Wassers eine böswillige Frau, eine die lockt, in die Tiefe zieht, den Atem nimmt und ertränkt. Das tut sie vornehmlich mit Männern. Glaydah Namukasa, die junge afrikanische Autorin, ist frisch verheiratet und will so einen mörderischen Gedanken an ihre Person auf keinen Fall aufkommen lassen, sagt sie beim Abendessen, das unsere Caterin Rita frisch für uns zubereitet hat. Wir sind in dieser Saison eine Gruppe von acht Stipendiaten im Ledig House der Rowohlt-Stiftung. An einem großen, braunen, schweren Holztisch in einem weiß gestrichenen Haus, das hoch auf einem Hügel steht, umgeben von Feldern in Upstate New York, speisen ein Israeli, eine Portugiesin, drei Amerikaner, ein Pole, Glaydah und ich, wir alle als Gäste des Writer's Residency Programms. Das ist uns mittlerweile Ritual geworden: Pünktlich um 19.30 Uhr schlendern wir von den beiden Residenzen „Reynolds“ und „Sanford“, dem Damen- und dem Herrenquartier, zum Haupthaus, haben uns der sehr lotterigen Schreibtischcouture entledigt und sie gegen die ansteckende *american casual wear* eingetauscht (nur der eindrucksvolle junge Pole nicht, der sich ohnehin immer und ganz ungeachtet aller „Ansteckungen“ wie ein Dandy aus dem Kreis um Oscar Wilde kleidet) und freuen uns auf Gemeinsames nach einem Tag im isolierten, chaotisch möblierten Kopfinterieur.

Die Gespräche bei Tisch und später vor dem Kamin werden unter Schriftstellern schnell politisch. Zwar haben wir einen *running gag*, der uns allabendlich zu einer amüsanten Zombie-Fantasie anregt, bei der wir – exponiert in Haus-auf-Hügel-Lage – verschiedene Angriffs- und Verteidigungsstrategien visionieren, jedoch wird die Tafel selten ohne einen Austausch von Sichtweisen auf Regierungsstrukturen, Obamas angestrebte Gesundheitssystemreform und Deutschlands Wahlergebnis aufgehoben. Der eine oder andere erlaubt sich einen Scherz, indem er auf die ausgelegte Einkaufsliste unter *desired item* „Whiskey" und unter *person requesting* „Dorothy Parker" schreibt. So necken wir den sehr freundlichen Jim, der uns die Schränke der Küche mit Lebensmitteln zur Selbstversorgung vollpfropft. Natürlich gibt es von dieser Art Autorenwitz noch zahlreiche Varianten, die wir mit Vorliebe morgens auf den Block kritzeln: *Madeleines – Proust, Zigaretten – Simone de Beauvoir, Absinth – Rimbaud* … alle geflissentlich ignoriert, wenn Jim zum Großeinkauf fährt.

Der charismatische Direktor des Writer's Program, DW Gibson, reist nur über das Wochenende an aus dem etwa zwei Zugstunden entfernten New York und kommt mit einem Gastreferenten, mit dem zunächst *business* geredet wird. Später, nach dem guten Essen, wird in der Regel ein Gast aus ihm oder ihr, und man redet so, wie Schriftsteller es bisweilen auch können: nämlich unprätentiös und fröhlich. Verkehrssprache im Haus ist Englisch und so schließen sich – je nach Sprachvermögen – bestimmte Gesprächsthemen von vornherein aus. Das Englische wird, ist es nicht Muttersprache, zur Metasprache für das eigene Schreiben, und nach den ersten Wochen im Ledig House wird es das eigene Ich.

Die eigentliche Sprachenvielfalt ist zunächst verdrängt zugunsten der oberflächlichen Kommunikation, wird aber im Verlauf der Tage spürbar stärker. Wir alle „benehmen" uns in unseren Sprachen, „geben" uns in ihnen, schreiben zurückgezogen an fremdem Sprachort in sie hinein und hoffen, sie zielgenau anzuvisieren. Die immer Fremde, nämlich die Sprache, aus der Fremde, dem Hier und Jetzt, betrachtet, das uns umgibt. So wird *Sehnsucht* ein Thema, das ich mit der Portugiesin Luisa Costa Gomes teile. *Geschichte* eines, das ich mit dem Isreali Agur Schiff bespreche, der mir Hebräischstunden gibt. Die Zusammenhänge von Betrachtung und Beschreibung diskutiere ich mit Jacek Dehnel aus Warschau. Mit den Amerikanern James

McLindon, Allison Amend und Edward Gauvin verbindet mich die Faszination für das Englische, das Wunder der Sprachschöpfungen aus einem schier unendlichen Pool mutiger Kreativität. Mit Glaydah Namukasa teile ich übrigens die Liebe für die nachmittägliche Fernsehstunde.

Man kann gut schreiben mit Blick auf grüne Wiesen, bunt glühendes Herbstlaub und das ein oder andere Reh, das vor dem Fenster steht und Äpfel direkt vom nicht abgeernteten Baum nascht. Rehe schmatzen ein bisschen. Man hört Murmeltiere pfeifen, und auf der morgendlichen Laufrunde beklagt man tote Opossums und fragt sich, ob es überhaupt lebendige gibt. Alles ist weit und die Landschaft hügelig, man tritt auf die Veranda und sieht in der Ferne die Catskill Mountains, deren Bewölkung einen die Witterung der nächsten Stunden erahnen lässt. Neuenglands Leben im Herbst ist ein Leben zwischen kulinarischen Polen: Squash und andere Kürbisse, Äpfel, Zimt und alles, was aus diesen Zutaten zubereitet werden kann, wird entlang der endlosen Landstraßen angepriesen. Und im Sonnenschein kommen die Städter aus New York, shoppen Antiquitäten und pflücken Äpfel. Ich bringe Frau Namukasa in diesen Spätsommertagen das Schwimmen bei.

An einem fernsehfreien Nachmittag hat sie schüchtern an meine Tür geklopft und mich gefragt, ob ich schwimmen könne. Da ich gerade zum Pool auf dem Gelände gehen wollte und wie zur Steigerung meiner Glaubwürdigkeit meine Schwimmbrille bereits um den Hals trug, sagte ich: „Ja, und Sie?" Und so kam es, dass ich ein paar Tage hintereinander die schöne Frau Namukasa mit albernen, aber nützlichen Trockenübungen, Strampeleinlagen am Beckenrand, dilettantischen Vorführungen meiner eigenen Künste und Schwebeeinheiten auf meinen Unterarmen zum Schwimmen brachte. Wie beschreibt man die Bewegungen des Schwimmens, des Nicht-Untergehens? Man sagt überhäufig und angestrengt heiter die Worte: „Immer so weiter, ja, so." Und irgendwie – man merkt es, wenn man sich aus dem Becken zieht und nachdenklich abtrocknet – ist das alles, was man zum Schwimmen *und* zum Leben sagen kann.

Sie war eine sehr ambitionierte Schülerin und ist nun eine mittelgute Schwimmerin mit viel Potential, die erste Schwimmerin ihrer Familie, wie sie mir etwas verstohlen, aber eigentlich stolz erzählt. Ich gebe zu, dass ich ihr eine seltsame Hybride aus Brustschwimmzug für die Arme und Kraulschlag für die Beine beigebracht habe, aber dies schien meiner gelehrigen Schülerin die effektivste und am schnellsten zu erlernende Variante zu sein. Und wer wagt es, der Göttin des Wassers zu widersprechen?

Honk Horn Please

Zu Besuch auf der Internationalen Buchmesse in Neu-Delhi

Seine Frau sei noch nicht so lange hier wie er, sagt seine Exzellenz, der Schweizer Botschafter Philippe Welti aus Bern, als sie – ganz gute Gastgeberin und auf das Wohl der Geladenen bedacht – darauf drängt, die Lesung pünktlich beginnen zu lassen.

In Indien käme man vornehm zu spät. Die auf der Einladung angegebenen 19 Uhr wären lediglich eine Empfehlung. Im Iran hätte er einen „Erziehungseffekt“ diesbezüglich bewirken können, aber hier – man wird es sehen. In Neu-Delhi, wo wir uns an diesem Abend in freundlicher Runde einfinden, der Dichter Raphael Urweider und ich, um für die Gäste des Botschafters und seiner Gattin anlässlich der Internationalen Buchmesse dieser Tage zu lesen, laufen die Uhren anders. Der späte Januar hält dichten Abendnebel bereit, der den Verkehr behindert, und die Nächte sind kalt, aber vielleicht auch nur, weil die Tage für Europäer so ungewohnt und vorsaisonal frühlingswarm sind. „Ab jetzt“, so Chandrika Grover-Ralleigh, Planerin von Pro Helvetia vor Ort, „wird es jeden Tag wärmer werden, bis wir regelmäßige 40 Grad haben und sich ein Inder wohlzufühlen beginnt.“ Einen Vorgeschmack auf solche Hitzezustände habe ich in der „Textbox“ auf dem deutschen Messestand bekommen. In dem nicht ganz einen Quadratmeter großen Minitonstudio-Nachbau (Patent des deutschen Dichters Bas Böttcher), in dem ein Performer spricht und 20 Kopfhörer die ans Mikrophon getragenen Silben direkt an die Zuhörerohren transportieren, werden es gut und gerne 30 Grad durch helle Beleuchtung und digitale Text-Displays im Hintergrund, auf denen die Übersetzungen des Gesprochenen ablaufen. Da stand ich also und schwitzte ganz indisch und sprach meine Texte in den Äther hinein und für denjenigen, der keinen Kopfhörer ergattern konnte, muss ich ausgesehen haben wie eine Menschenechse, die in einem Terrarium, wild mit den Armen fuchtelnd und grimassierend, wohl einiges zu sagen hatte, was dem Ohr durch die schalldichte Box-Konstruktion verheimlicht blieb.

Die indische Ausgabe der Internationalen Buchmesse ist gut besucht. Fach- und Nicht-Fachpublikum streift umher und lässt sich die neuesten Entwicklungen des Buchmarktes vorführen. Es ist ein seltsamer Gedanke, dass hier Messebesucher zu finden sind, die nicht viel aus dem Geschriebenen gewinnen können, da sie weder schreiben noch lesen gelernt haben, wie ohnehin nur rund 20 Prozent der Landesbevölkerung. Bei genauerem Rückblick fällt mir auf, dass in den letzten Tagen keiner meiner Fahrer von Rikscha oder Autotaxi meine dargereichten Info-Zettel mit Wegbeschreibungen ernst genommen oder auch nur angesehen hätte. In Neu-Delhi fühlt man die Straßen unter und um sich, man gleitet wie ein Blutkörperchen in die großen Körpervenen ein und strömt mit. Dabei erschließt sich einem auch die 27. offizielle Landessprache: das Hupen. Wer die nicht spricht oder versteht, ist in Delhi arm dran. Trucks fordern mittels Heckaufschrift sogar zum Hupen auf („Honk Horn Please"), damit ihre Fahrer wissen, wann sie Platz machen sollen für allerlei Klein-, Fahr-, Schlepp- und Ziehzeuge. Für einen Europäer ist es leicht, über das augenscheinliche Chaos zu sprechen, dabei kennen wir kaum die Parameter für ein solches. In Indien ist nichts chaotisch, alles „ist" einfach nur. Und dass es „beim Sein mehrerer" zwangsläufig zu Parallelzuständen, ja Überlagerungen kommt, ist unvermeidlich und wird hier als natürlich angesehen. Affen, Menschen, exotische Vögel, Esel koexistieren friedlich in den Straßen, den seltsam kahlen Parks (in denen westlich gekleidete Inder joggen), in den Tempeln, die überall mit verwirrender, betörender Bilderflut und ornamentaler Fülle aufwarten. Das Rote Fort, die Gewürzmärkte, die Viertel, die sich nach Gewerken einteilen, die Steinrestauratoren, die Händler, die über den Autolärm hinweg ihre Waren ausrufen – alles gilt es zu sehen, sinnlich zu erleben, zu erschnuppern. Dem können sich nur gut trainierte Sinne verschließen. Die so wohlgeordnete deutsche Sprache fand in Neu-Delhi in diesen Tagen einiges Gehör, auch während der langen Nacht der Literatur im India International Center Annexe. Die Germanistik-Studenten der Universität Delhi waren ebenfalls zu langen Gesprächen aufgelegt und verfolgten Urweiders und meine Lesung aufmerksam. Die Buchgeschenke der Schweiz an die Bibliothek der Universität wurden durch den Botschafter offiziell und heiter-feierlich übergeben, und es scheint, dass die deutsche Sprache und damit auch die Schweizer Literatur gar nicht so laut hupen müssen, um sich in Indien Platz zu schaffen.

Und das selbst dann, wenn der gesamte Verkehr aufgehalten wird durch einen mit Vodafone-Werbung bemalten Elefanten, den man zur Eröffnung eines neuen Handyshops eine der größten Verkehrsadern hinunter und hinauf promenieren lässt. Quasi zum Hup-Konzert.

Sibirischer Frühling

Was ist passiert, wenn sich fünf „boarische Buam“ und zwei Bamberger „Frangn“ im klirrkalten Sibirien treffen und dazu eine stattliche Zahl deutschsprechender Ortsansässiger, aus Deutschland geladene Künstler verschiedener Sparten sowie Honoratioren Russlands und Deutschlands zusammenkommen? Ein Goethe Institut wurde eröffnet.[1] Genauer: das Gründungsbüro des Goethe Instituts Novosibirsk unter der Leitung der 33-jährigen Julia Hanske. Damit ist ein lang gehegter Wunsch der Goethe-Zentrale und besonders des Goethe Instituts Moskau in Erfüllung gegangen. Noch ist es ein kleines Büro, vollgepackt mit Kisten und surrend wie ein Bienenstock. Mit ihren fleißigen, perfekt zweisprachigen Helferinnen hat die Erfurterin Hanske nicht nur die Leitung des neuen Instituts übernommen, sondern ist gleich ins kalte Wasser der Festivalveranstaltung für *sibSTANCIJA_09* gesprungen. *sibSTANCIJA* ist eine Festivalreihe, die, geplant vom Goethe Institut Moskau, zum vierten Mal deutsche Kultur in Novosibirsk präsentiert. Bildende Künstler, Schriftsteller, Performer, Tänzer, Komponisten, zwei Bands und mehrere DJs sind für einen Monat im Herzen Sibiriens eingetroffen. Und das meine ich ganz topograph-organisch. Die 116 Jahre alte Stadt, am teilweise aufgestauten Ob und der transsibirischen Eisenbahnstrecke gelegen, begrüßt ihre deutschen Gäste mit überschwänglicher Ausgelassenheit. Die Veranstaltungen sind durchwegs gut besucht, die Fatih-Akin-Werkschau im großen Kinosaal mit über 500 Sitzen restlos ausverkauft, die Show der HipHop-Breakdance-Formation E-Motion aus Düsseldorf bejubelt, die Lesungen mit vollen Reihen und interessierten Fragen eine Freude für jeden Veranstalter und Autor.

„Dieses Festival ist wichtig für Novosibirsk“, so die ortskundige Lyudmila Ivashina, die neben dem *sibSTANCIJA* noch die Organisation zahlreicher Film- und Kunstevents in der Stadt plant und betreut. Sie weiß, dass es seit jeher zahlreiche deutsch sprechende Einwohner und Interessenten für die deutsche Kultur in der Stadt gibt. Generalkonsul Cantzler ist häufiger Gast der deutschen Kulturveranstaltungen und sehr ansprechbar für die Belange und Nöte der Gäste.

In Novo steppt der (russische) Bär!

Mitglieder der fröhlich-bajuwarischen Band La Brass Banda spielten auf und brachten das Publikum der 1,4 Millionen Stadt zum Tanzen und Jodeln. Stefan Dettl, Trompeter der Brass Bandas, ist die Verwunderung über den Ort anzusehen: „Ich hätte nie gedacht, dass das so irre lebhaft ist hier und so viel geht! Wir hatten tolle Konzerte und die Leute sind total mitgegangen. Fast wie zuhause in Bamberg ...“ (sagt er mit einem Augenzwinkern). Wenn das Goethe Institut schon mal Künstler vor Ort hat, dann lässt es sie auch weiter reisen in Sachen Kulturbotschaftertum. Die Band flog weiter nach Krasnojarsk, der Schriftsteller Georg Klein reiste von Novosibirsk an verschiedene Orte weiter, und DJ Kermit und ich traten noch in Omsk, Jekaterinburg und Perm auf.

Wie die anderen Schriftsteller und Bildenden Künstler hatte ich ein Jahr vorher ein einmonatiges Stipendium vom Goethe Institut Moskau erhalten.[2] Man hatte mir im August eine Wohnung im Zentrum gestellt, direkt beim gigantischen lindgrünen Bahnhof, und so habe ich im 5. Stock hoch über belebten Straßen gewohnt.

Irgendwie ist selbst Novosibirsk ein Dorf. Jeder ist über das Internetportal „V-Kontakte“, der kleinen Schwester des großen Facebook-Bruders, miteinander verbunden. Hier im virtuellen Raum haben liebe Menschen auf meine Rückkehr gewartet ... Wie wunderbar, Freunde im Permafrost zu haben.

In Novosibirsk riecht es nach Frühling!

Und das bei noch teilweise -16 Grad in der Nacht. Natürlich klingt das erschreckend, aber eine trockene Kälte, wie sie hier zu spüren ist, ist wesentlich „bekömmlicher“ als eine feuchte. Man zieht sich eben warm an und hält die Nase in den Wind. Auf den Straßen sieht man Frauen in bewundernswerter Schnelligkeit auf hohen Absätzen und in herrlichen Pelzmänteln laufen. Frühling wie Herbst sind flüchtig, Sommer und Winter lang andauernd. Bis Mitte April schmilzt die bis zu 23 Zentimeter dicke Eisschicht auf den Gehsteigen, der Schnee an den Seiten und auf den Hausdächern, und so erwarten die Novosibirsker jedes Jahr im Frühling Massen an Matsch. Die Stadt verwandelt sich unter den Füßen in ein Schlammdebakel – über den Köpfen aber, die sich erstmals wieder von ihren Schapkas (Mützen) befreien können, strahlt eine warme Sonne, Vögel zwitschern und ja, es riecht nach Frühling. Noch ist diese Stimmung nicht stabil, aber die Aussichten auf längere Tage und wärmere Stunden sind Teil guter Gespräche.

Zu dieser Zeit war ich Gast bei den Feierlichkeiten zum kasachischen Neujahr. Wir saßen auf dem Boden, aßen köstliches aus der Heimat des Gastgebers importiertes Pferdefleisch, Nudeln und geschmorte Zwiebeln mit den Fingern. Dazu wurde – nein, nicht Wodka! – Tee und Granatapfelsaft getrunken. Norbert Schott, der Gründer des deutschen Stammtisches und Webmaster der Seite „Deutsche in Novosibirsk“, feiert dieses Fest seit drei Jahren für und mit seinem kasachischen Freund Mulan, der seine Familie zu Hause vermisst, aber in Novosibirsk als Dozent für Wandmalerei an der Hochschule für Architektur lehrt und mitten im Semester steht.

Willst du Gott zum Lachen bringen, mache Pläne!

Nach unserer Rückkehr setzten Kermit und ich uns für einen Austausch zwischen bayerischen und sibirischen Künstlern ein. Die ersten Planungsgespräche mit dem Goethe Institut wurden absolviert, und die Russen freuten sich sehr über diese Idee. Wir machten also Pläne für die nächsten Jahre und kommen hoffentlich wieder und wieder und wieder, wie der Schnee, das Eis und der Frühling.

1 Nora Gomringer und Roland Krefft alias DJ Kermit waren offizielle Gäste der Feierlichkeiten zur Eröffnung des Goethe Instituts Novosibirsk im März 2009.

2 Die Texte, die Hendrick Jackson, Georg Klein, Maria Bodrozic und ich über unseren Aufenthalt geschrieben haben, sind übersetzt und in einer kleinen Publikation für die Besucher des Goethe Instituts veröffentlicht worden. Die Anthologie *Novo Texte* ist dort in aller Munde.

Stadt des Trotzes
Poetry Days in Sarajevo

Die Szene ist seltsam bekannt. In Michael Endes Roman *Die unendliche Geschichte* kommen Repräsentanten aller Völker des Landes Phantasien am Elfenbeinturm der Kindlichen Kaiserin zusammen, um der Herrscherin Nachricht über das Fortschreiten des Nichts zu bringen. So irgendwie sind Lyrikfestivals. Dichter kommen zusammen und legen durch Werk und Wirkung Zeugnis vom Werken und Wirken in ihrem Land, in ihrer Sprachfamilie ab. Dies tun sie vor einem Publikum, das meist aus ihresgleichen (also ebenfalls Festivalgeladenen) besteht. Schön in Vielfalt der Sprach- und Stimmklänge und auf dramatische Weise harmlos sind diese Zusammenkünfte.

Die 50. Edition des Festivals von Sarajevo begrüßte, neben den 123 Gästen aus über 20 Nationen, einen besonderen Gast und hielt einen Preis für sein Lebenswerk für ihn bereit: den serbo-amerikanischen Lyriker Charles Simic.[1] Große Themen bei dieser Zusammenkunft waren das Schreiben, das Verschwinden der Dialekte und an diesem Ort natürlich: der Krieg. Sarajevo ist seltsam bekannt. Wie ein topograpisches Palimpsest legen sich die Schichten der Stadtgeschichte aufeinander. An mancher Ecke sieht man ein Wiener Caféhaus, dann wieder gibt es Anklänge an türkische Bazare, an Schweizer Bergdörfer und an die Fußgängerzonen jeder anderen westeuropäischen Metropole mit immergleicher Ladenfolge. Überhaupt überrascht die Sortimentsvielfalt, die vom regen Import luxuriöser Güter zeugt. Fast 50 Prozent Arbeitslosigkeit herrschen und doch wird gebaut und offensichtlich konsumiert. Wer zahlt all das? Solche Fragen bleiben lächelnd unbeantwortet, *hier* solle man hinsehen, *hier* wäre gerade ein Hochhaus renoviert worden. Wagt man es, den Blick schweifen zu lassen, so sieht man, dass hoffnungslose Häuserleichen ihren Kriegswunden überlassen wurden. Unzählige Einschusslöcher bebildern die Geschichte der vierjährigen Belagerung mit geschätzten 3000 Schüssen täglich. So herrlich die grünen Berge sind, die Sarajevo wie ihren Augapfel in zwei Lider einschließen, so feindlich waren sie. Auf ihren Höhen lagen serbische Truppen und beschossen eine Stadtbevölkerung, die irgendwann begann, innerhalb ihrer Grenzen das Recht des Stärkeren auszurufen. *Gott weiß, was alles passiert ist, als die Welt nicht hingesehen hat,* steht als Graffiti an einer Wand. Eine Praktikantin des Goethe Instituts lädt zum Mittagessen ins „Haus des Trotzes" ein, ein Stein für Stein wiederaufgebautes Restaurant. Es gibt „Bosnischen Topf". Da ist alles drin, was man mal probiert haben sollte in der Landesküche. Wie geht man mit dem Krieg um? Man macht Witze. Ganz außergewöhnlich lakonische und lässige machen die Leute in Sarajevo. Der Krieg habe ihnen Pragmatismus und Laissez-faire beigebracht. Die Lyrik aber ist ernst.

Die Dichter der slawischen Sprachfamilie kennen sich untereinander, man schätzt sich, weiß, *der* schreibt über den Krieg, *der* über Blumen. Simic erhellt: „Es sind fast ausschließlich die bosnisch-herzegowinischen Dichter, die über den Krieg schreiben. Kaum Kroaten und nach meiner Kenntnis kein Serbe bisher. Nicht gut." Der slowenische Autor Boris A. Novak findet Zeit für ein Gespräch am Rande und berichtet, wie sehr seine eigene Familiensituation und der Krieg sein Schreiben prägen. Er rät zur Vergangenheitsbewältigung durch schriftstellerische Arbeit, dabei betont er, dass das Schreiben an der Geschichte auch schuldig werden lässt, aber nicht schuldiger, als würde man nicht schreiben, keinen reinwaschen, keinen beschuldigen. Das Festival erstreckt sich über eine gute Woche und Gruppen von Dichtern werden in entfernte Orte gefahren. In Mostar verbindet die wieder erbaute Brücke Moslems und Kroaten, ob sie wollen oder nicht. Und hier ist es die kroatische Dichterin Sonja Jurić, die erzählt, dass der Krieg nicht nur das Bein ihres Mannes, ihre Jugend und alle ihre Kinderfotos verschlungen hat, sondern auch, dass ihre kleine Tochter in die Welt aufbrechen soll, nicht bleiben darf, will sie glücklich und in Frieden leben. Jurićs ins Deutsche übersetzte Gedicht *Über dem Olymp* schließt mit den folgenden Zeilen: „Es dauert noch/ das Donnern der Götter./ Die Kämpfe werden noch geführt/ um die Vorherrschaft./ Über dem Olymp./ Über uns." Die Poetry Days genießen – wohl auch wegen Simic – viel Aufmerksamkeit von Seiten der Medien. Nicht eine Lesung, die das Fernsehen nicht begleitet. Lyrik ist ein Arsenal stumpfer Waffen. Gut ausgeleuchtet kann sie aber vielleicht eine alte Nachricht erfolgreich aussenden: die vom friedlichen Miteinander. Himmel, wenn sogar 123 Dichter es können ...

1 Die 50. Sarajevo Poetry Days fanden vom 11. bis zum 18. Mai 2011 in neun Städten Bosniens und Herzegowinas statt. In Teilen war das Festival der Erinnerung an Izet Sarajilić gewidmet, es feierte darüber hinaus 50 Jahre Verleihung des Nobelpreises für Literatur an Ivo Andrić.

Ich ziehe eine Nummer. Es ist so voll hier. Auf der „Hellen Lichtung“ ist es dunkel von Menschen. Um in ein Zimmer blicken zu können, muss ich mich recken. Und was sehe ich dann? Einen Schreibtisch. Vieles ist trauriger als eine verlassene Arbeitsstätte, aber nur Weniges ist trauriger als die Erinnerung an die Taten dort. Ein Schreibtisch, der nur noch beschaut wird und keinem mehr als Arbeitsstätte dient, hat etwas Schales, Falsches. Im vergangenen Herbst war ich noch in Herman Melvilles Schlafzimmer umhergegangen, hatte die elfenbeinernen Mitbringsel aus fernen Ländern mit den Augen betastet, jetzt rieche ich russischen Tee aus dem Samowar und abgeriebene Zitronenschalen. Und höre Erläuterungen. Hier, sehen Sie das, bemerken Sie bitte, es gibt noch andere, nicht anfassen, ich bitte Sie, gleich sehen wir, hier lag der Große, unser Dichter, *Russia's Greatest* in broken English. Das Nicken der Menschen macht unzählige Geräusche. Wie es sich umkehrt, das Wetter, die Stimmung. Der exkommunizierte Mr. T., der sich vor lauter Moralität und Transzendenz gar nicht mehr zu helfen wusste, den Bauern zugetan war, aber seiner Frau irgendwann nicht mehr. Krieg und wenig Frieden im Haus. Wie's eben so geht. 1941 deutsche Truppen für abgezählte 45 Tage in den Gängen, den Fluren, den Betten, am Kamin. Tage, die nur Feuer hinterließen. Feuerhelle Lichtung.

„1-2-3 Tolstoi kommt vorbei“ ... der Kinderreim meiner Gummitwisttage auf dem Pausenhof.

„Fragen Sie Tolstoi! Das ist russisch, echt russisch, jeder Russe ist ein Mütterchen. Was weiß ich! Hey, hey ...“ singt Tim Fischer in dem Lied, das keck die Genese von Boeuf Stroganoff erklärt.

Seit ein paar Tagen übersetze ich einen jungen russischen Dichter, und der schreibt von Brodsky, Tswetaeva und

Isaac Babel und seiner Sehnsuchtsstadt Odessa, die immer klingt wie ein Mädchen, in das man sich verliebt, wenn man sich zum ersten Mal verliebt, so mit 15, 16. So richtig. Tolstoi kommt ihm nicht zwischen die Zeilen, aber just als ich nach russischen Anhaltspunkten in meinem Buchladen suche, sehe ich: *Tolstoi, a Russian Life* im Regal. Ein schweres großes Buch, wie es nur die Amerikaner machen können. Großzügig, ausladend, angemessen. Und man fragt sich, ob junge Russen in New York diesen Band in die Hände nehmen und sich im Jetzt ein Fest aus dem Leben des Alten machen. Dieses Buch ist so schwer, dass das Körpergewicht seines Lesers sich drastisch verändert, wenn er es erwirbt und in Händen hält. Auf dem Cover sieht man den alten Tolstoi mit Hut, aber von fern, undeutlich durch einen Schneesturm auf einem Weg stehend, weiß in weiß auf weiß. Ein Geist, ein großer Geist.

Der auch ein Idiot war. Ich meine das fast liebevoll. Vater von dreizehn, von zwölfen, von elfen, von zehn, von neun, von acht. Und Ehemann der schreibenden Sofja Andrejewna Tolstaja, die der Gatte, der Geist, der Idiot, irgendwann veräußerte, deren innere Wände er einriss, um einen Blick zuzulassen auf die Seele seiner Frau. Die Seele saß eine ganze Weile unbekleidet, reglos in einem kargen Zimmer. So macht man das, wenn man will, dass allen alles gehört. Man lässt die Blicke zu. Und wo beginnt man? Beim Nächsten. Immer beim Nächsten. Sieben Reinschriften vom Krieg und vom Frieden, den es damals noch gab, wie ich lese. So ist die Karriere und das Mehr der Bücher eine andere Geschichte, nämlich eine, die vom Weniger der Liebe berichtet. Und wie die Frauen sich verständigen, dass der Alte wunderlich wird, seltsam gar, lange Märsche unternimmt, die Pflichten des Betts einfordert und währenddessen vergisst, was diese sind, was von wem gefordert wird. Wurde. Überhaupt rutscht alles in einen Vergangenheitsschacht, langsam, gleitend, sich einrußend auf dem langen Weg. In ganzer Schwärze liegen Erinnerungen, völlig ungeborgen, weil man Holz einheizt von den Birken, die man ringsherum schlägt. Birken, diese schönen russischen Mädchen, im Mondlicht zu Bäumen erstarrt, ihre Tränen so zäh aus der Rinde quellend. So schnattern die Frauen und rupfen die Gänse und der Dichter die Buchseiten.

Neun Jahre nach Tolstois Tod schlägt die Andrejewna Tolstaja die Augen zu, nachdem sie noch ein *Lied ohne Worte* gesungen hat, übersetzt in die Sprache ihres Vaters.

Im Hier und Jetzt wird es Zeit für einen russischen Tee. Einen dunklen, bernsteinfarbenen Tee, der dünne Scheiben Zitrone enthalten soll und eine große Menge Zucker, um alle Sinne des Lebens abzutasten. Wenn's sauer ist, ist's auch süß. Und willst du Gott amüsieren, Mensch, dann mache Pläne! Wer mit Viktor in Nowosibirsk spricht und ihn in einem guten Moment nach Tolstoi fragt, der hört: „Nein, nicht Tolstoi. Den bitte mal nicht." Und dann zitiert er Majakowski, der in einer Hosentasche stets ein Stück Seife, in der anderen einen Schlagring mit sich trug, und ... natürlich zitiert er sich selbst, denn jeder Russe ist ein Dichter. „Was weiß ich, hey, hey."

Auch Woody Allen ist irgendwie ein Russe. Und vielleicht ist er ja Tolstoi oder ein Geist, ein Idiot. In seinem Film *Love and Death* nimmt er alles auf den Arm, wofür Tolstois Russland steht: Moralität, Transzendenz, Gesellschaft, Militarismus, schöne Frauen, Intellektualität. Natürlich gibt es offene Gespräche über Leben, Liebe und Tod, und der Krieg wird auch ausführlich gezeigt. Woody Allens Russen sind alle mehr oder weniger Besucher einer andauernden Dorfdeppen-Convention und stolze Landbesitzer, auch wenn dieses Land nicht größer ist als ein großes Steak und sich in der Jackentasche seines Besitzers umhertragen lässt. Auch Boris Gruschenko, so Woody Allens Rollenname, lebt mit seiner Frau Sonja auf dem Land. Auch er hat seine Lichtung, allerdings tanzt er dort mit dem lakenverhangenen Sensenmann, der ihn abholt und froh macht. Wenn man stirbt, schließt man sich erfreulicherweise der Mehrheit an.

Jasnaja Poljana, die helle Lichtung, vor deren Pforte mir eine Zigeunerin ihr mittleres Kind verkaufen will und ernste Miene macht. Ernster nur blickt das Kind auf mich. Und ich recke mich und suche das Hehre, die Weite und muss ebenso wie Tolstoi gegen Ende fliehen, weil ich mich in meinem Gedankenkonstrukt verstiegen habe, eine Tür vermutete, wo eine Wand eingezogen ward in meinem Geisteshaus. Rubel liegen auf den Lidern des Architekten, bezahlen seine Passage. Im Falle Tolstois natürlich die mit einem lauten, dampfenden Zug.

Das gute Fräulein oder wie man die Biographie einer Frau ruiniert

Vor ein paar Wochen habe ich auf Reisen *Das gute Fräulein* von Halldór Laxness gelesen und danach traurig dreingesehen im Zugabteil. So traurig, dass mich ein mitreisender Fremder in der Bahn auf einen Tee einlud, um über meinen traurigen Blick zu reden. Das Fräulein Rannveig, begann ich zu erzählen, verliert nach und nach alles. Vor dem Leben das Leben ihres Kindes, vor dessen Leben die Freude, vor der Freude die Liebe der Schwester, vor deren Liebe die Unschuld, vor der Unschuld die Kinderjahre, die verlängerten, vor denen die Heimat – und das alles zunächst immer mit den besten Absichten aller Beteiligten. Und das, sage ich dem Herrn, der mir etwas nordisch vorkommt, ist eine traurige, ruinierte Biographie einer Frau und damit einer Leidensgenossin einer anderen Zeit, in einer gar nicht so anderen Welt.

Der Herr bietet mir an, M&Ms zu kaufen und ich lächle dankbar, weil das eine so schöne Geste ist und Zucker bei mir immer hilft. Als das Fräulein Rannveig aus dem Kopenhagener „Gut-Mädchen-Exil" heimkehrt, wo sie Weltgewandtheit, Gesellschaft und einen Mann kennenlernen soll und sich bei Heimkehr ein uneheliches Kindlein einstellt (und kein Mann dazu), beginnt die Verwandtschaft mit einem Ausgrenzungsprozess, der in einer umzäunten Idylle gipfelt, in der Errichtung eines Gefängnisses für die „Sünderin". 1933 hat Laxness diese Geschichte eines frühen, nicht ganz freiwilligen Emanzipationsversuchs in beobachtendem, lakonisch-parabelhaftem Ton geschrieben, und 2010 sitze ich in einem Zug und weine um meine „Schwester im Geiste" und die Vielen vor und nach ihr. Aber ich schmunzle auch über die Entwicklungen, die ein Leben nimmt, die Einwicklungs- und Abwicklungsbewegungen darin. Von Dorothy Parker, der New Yorker Stil- und Lässigkeitsikone der Literatur der 30er, stammt ein Zitat, das sinngemäß so lautet: Männer sind durchgängig in der Lage, die Biographie einer Frau in Mitleidenschaft zu ziehen. Hier aber muss ich ausholen und die deutsche Autorin Elke Heidenreich mit hineinnehmen, die in einer gelungenen Geschichte in ihrem Band *Kolonien der Liebe* sogar Kinder als Faktoren des Ruins eines „anständigen Frauenlebens", und der Ruhe und Gelassenheit darin, aufzuzählen weiß. So sind es also die Männer und die Kinder und im Falle Rannveigs ist es das sanfte Wesen selbst, das die Manipulation zulässt, sich ihrer nicht erwehrt und sich in Zeiten des Patriarchats mittellos zunächst dem Willen der Familie ergeben muss. So sind alle ein wenig schuld und dieses Leben einfach verwirkt. Zum Trost gibt es darin die Liebe eines Sohnes, der der jungen Mutter jedoch entzogen wird, die Liebe einer kleinen Tochter, eine ungewöhnliche Ehe und karitative Leidenschaften, denen man nachgehen kann, als der Ruf dann endlich und komplett ruiniert ist. Und bevor über alles ein Amen gesprochen wird, stirbt dem guten Fräulein die kleine Tochter, seine seit Jahren abspenstige Schwester taucht auf und Laxness beschreibt die Begegnung wie eine auf dem Götterolymp, als die Nornen sich begegneten und die eine „Wahrhaftigkeit" und die andere „Wohlanständigkeit" hieß.

Tja. Das habe ich dem Herrn erzählt und dabei M&Ms gegessen und mich über die Größe und die Klitzekleinigkeit der menschlichen Gemüter ausgelassen, über das Leben der guten Rannveig und die Ambitionen der schönen Schwester Thurid.

Der Herr stand irgendwann auf und kam nicht zurück zum Bordbistro. So ein Literaturmonolog ruiniert zweifellos die Stimmung und, jaja, auch die Figur.

ETWAS
KLARES

In der Schule wie im Leben: Neues sehen! Lyrik lesen!

Ich wurde 1980 geboren, habe einen schweizerischen und deutschen Hintergrund, einen literarischen ebenso wie einen landkindlichen. Ich bin in Deutschland, England und in den USA in die Schule gegangen, mein deutsches Abitur habe ich im Jahr 2000 abgelegt. Das war auch das Jahr, in dem mein erstes Buch erschienen ist. 2006 habe ich bei Voland & Quist die Sprechtextsammlung *Sag doch mal was zur Nacht* veröffentlicht, die sich knapp 3000 mal verkauft hat und lyrisch gesehen vielleicht eine laut-mündliche Revolution bedeutete. 2008 erschien *Klimaforschung*, 2010 dann mein fünftes, etwas stilleres Buch *Nachrichten aus der Luft*. Damit bin ich einem zweijährigen Publikations- und – hoffentlich – Fortschritt treu geblieben.

Meine literarische Praxis umfasst nicht nur das Schreiben und Auftreten, sondern seit über einer Dekade das Konzipieren und Durchführen von Workshops, Uni-Seminaren, Schreib-Sessions und dem Veranstalten von Literatur-Events, vor allem von sogenannten Poetry Slams. Literatur ist mein Lebensmarker. Ich verzichte bewusst auf die Formulierung, die Literatur sei mein Leben, denn vor der Literatur gilt es, auf der Hut zu sein. Sie legt sich schnell und fast unmerklich über alles im Leben und verbirgt oftmals durch feines Wortgewebe Taten, auch die dringend notwendigen.

Ich sehe mich als Autorin und Autoren-Macherin im bescheidenen Sinne, die der Schule nahesteht, weil sie monatlich Schülerinnen und Schülern begegnet bei Schullesungen, Workshops, auf der Straße, auch bei Hausführungen, die sie als Direktorin des Internationalen Künstlerhaus Villa Concordia in Bamberg gerne ermöglicht. Bei letzteren treffe ich schreckliche Schülerinnen und Schüler. Von ihren Lehrern zur Neugierde gezwungen, hungrig, müde, genervt, ahnungslos laufen sie zombieesk durch die Räume des Wasserschlosses. Die Informationen, die ich vermittle werden so gut wie nie hinterfragt, geschweige denn klug kommentiert. Der junge Mensch im Klassenverband ist genauso blind und taub wie der erwachsene Mensch, der in großer Gruppe auftritt. Dies ist natürlich eine haarsträubende Generalisierung und vollkommen unpädagogisch, doch ist es meine Erfahrung, bei der die Regel durch wenige Ausnahmen bestätigt bleibt.

2009 habe ich auf Einladung des Goethe Instituts meine dritte Lesereise durch Kanada gemacht und bin an die deutsche Schule in Toronto vermittelt worden. Diese Zwergschule kämpft um ihre märchenhafte Existenz – auf jeden Schüler kommen im Schnitt etwa zwei Lehrkräfte, alle Schülerinnen und Schüler sind mindestens zweisprachig, die achtjährigen Vitae zeigen oft mehrere Ortswechsel. Deutsch ist Unterrichtssprache und oft Vater- oder Muttersprache. Diese Kinder sind Beweise für die besondere Geräumigkeit des jungen Gehirns.

Für diese Konstellationen, d.h. wenn ich mit sehr jungen Lesern und Lyrikhörern zusammentreffe, rezitiere ich häufig Lautgedichte der Konkreten Poesie. Quäle mich ganz offensichtlich mit Ernst Jandls *Per-fek-tion* und spiele Eugen Gomringers Sprech-*ping pong* mit den Kindern, was immer gelingt. Kinder dieser Altersstufe, 6-9 Jahre, haben keine elitäre oder furchtsame Reserviertheit dem Experiment oder dem Prozesshaften gegenüber.

Ich erweitere manchmal meinen Vortrag und lasse die Kinder eventuell bekannte Balladen oder Liedtexte mit mir sprechen. Selbst wenn nicht alle den Text aus dem Effeff kennen, so geben Reim und Rhythmus ein Zutrauen, das nach Worten suchen und finden lässt und auch für anschliessende, durchaus ernste Gespräche über Inhalte Stoff bietet, die mitunter weit über so ein achtjähriges Leben hinausweisen. Das macht die Sprache, das ist die Macht der Sprache, um meinen Kollegen Bas Böttcher zu zitieren.

So war es in diesem Fall: ganz ähnlich und doch frappierend. Ein kleiner Junge meldete sich auf meine Frage, ob denn das Gedicht vom *Panther* bekannt sei, der zwischen den Gitterstäben auf- und abschleicht, ja gezwungen wäre, dies zu tun mit einem ermüdenden, existenz-auslöschenden Effekt: „Ja, das Gedicht kenne ich“, schallte es aus der ersten Reihe. „An die Wörter kann ich mich gerade nicht erinnern, aber an den Ton!“

Der Ton!

In der Aussage dieses jungen Herrn sah ich alles bestätigt, wofür ich seit Jahren laut vorlese, rezitiere, Gedichte lerne, um sie zu teilen ... vielleicht auch mein eigenes Schreiben nach Kräften, Gefühl und Gefüge motiviere.

Der Ton! Die Erinnerung an den Klang eines Gedichtes oder vielmehr die Klangstruktur, die seine Kenntnis in einem selbst aufzubauen vermochte. Die Gefühlsseiten, die angeschlagen wurden beim Lesen oder Hören.

Ich selbst bin in einer Schulzeit umhergegangen, die stark umbrüchig war. Habe in ihr die Stabilisatoren Latein und Altgriechisch ehrlich genossen, selbst die Strenge meiner alten Lehrer, und es hat mir alles nicht geschadet. Auch meine „Haderjahre“, wie meine Mutter sie rückblickend nennt, das späte neunte und das ganze zehnte Schuljahr, in denen ich unbedingt abgehen, aufhören, enttäuschen, schockieren, Hotelfachfrau werden, aber eigentlich nur gelobt und bestätigt werden wollte.

Ich war gerne Schulkind, gerne Austauschschülerin, gerne Abiturientin. Meine Schulzeit war bis eben auf dieses erwähnte „Schaltjahr“, in dem ich mein eigener Schalter war – was ich erst begreifen musste –, eine für meine Eltern ruhige, von Lob ermunterte Strecke an Jahren, eine wahre, lange Bildungs- und Intellekt-Inkubationsphase.

Jemand, der zufrieden ist, sollte, kann vielleicht nicht kritisieren. Dennoch bemerke ich ein paar Dinge in meiner Praxis, die mit dem Lehreralltag, wie ihn so viele Fachleute kennen, nichts zu tun haben.

Während meiner Kurz- und Kürzestaufenthalte an Hauptschulen, Gesamtschulen, Gymnasien, Fachoberschulen, Berufsschulen und Realschulen bin ich ein Abwechslung bietender Mensch. Ich bin keine Lehrerin, ich bin Autorin und damit per se eine Art Einhorn. Wenn an eine Schule eingeladen, werde ich von den meisten Lehrern als „Poetry Slammer" eingeführt und im Weiteren wortlos in die Klassen geschubst. Dort werden die Schüler und ich einander überlassen, und der unausgesprochene Wunsch des Lehrers, nach einer Stunde oder drei Tagen eine literarisierte Klasse in Empfang nehmen zu können, ist stets drückend latent und immer einladungsimmanent schwelend. Meine literarische Arbeit wird unter diesen Umständen von vornherein falsch eingeschätzt. In der Regel finden in den Stunden und Tagen mit den Schülerinnen und Schülern Annäherungsprozesse statt, Rituale der Ablehnung und allmählichen Akzeptanz, des Respekts untereinander und mir gegenüber werden geübt und demonstriert. Nur wenig hat dies alles mit Literatur zu tun. Mit gesprochenem Wort hingegen umso mehr.

Dabei habe ich es leicht, denn ich bin die Ausnahmeerscheinung. Ich komme für die Schülerinnen und Schüler aus dem Nichts und verschwinde wieder, durch Facebook und Myspace und YouTube nicht in das sprichwörtliche Nichts, aber in eine Ferne, die daran erinnert. Zwar kann man in Kontakt bleiben, aber wann und wo man sich eventuell einmal wieder begegnet, das steht in den Sternen.

Ich bin nicht „die Böse", die mit Stegreifaufgaben oder Gedichtinterpretationen quält und verstört, ich komme mit leichtem Instrumentarium in die Schule, mit einer Gedankentasche gefüllt wie die der englischen Kinderfrau Mary

Poppins. Da ist alles drin. Und wenn sich der Wind dreht nach ein paar Tagen mit den Kindern, bin ich schon wieder fort. Die Lehrer bekommen dann ihre Kinder oder Pappenheimer zurück. Im besten Falle ein bisschen fröhlicher, stolz auf eigene Texte, frisch produziert, aber dann stecke ich im wahrsten Sinne schon nicht mehr drin.

Diese Konstellation hat mich an Schulen schon oft anecken lassen. Von einem Lehrer eingeladen, der den Begriff „Poetry Slam" vor seinem Direktor jongliert hat, tue ich mein Bestes, den Begriff kein zweites Mal im Laufe eines Workshops zu erwähnen. Das hängt mit meiner Überzeugung zusammen, dass es nicht der Auseinandersetzung mit einer Veranstaltungsform bedarf, sondern der mit dem gesprochenen Wort.

Ich lasse die Schülerinnen und Schüler, deren Namen ich mir durch das berühmte „Rundumspiel" in den ersten zehn Minuten einzuprägen versuche, jeweils ein individualisiertes Alphabet schreiben. Dabei zählen alle noch so grässlichen Grammatikfehler nicht. Alle Sprachen sind erlaubt, es kann gereimt werden, in ganzen Sätzen vorgelegt oder sich auch nur in Stichwörtern ausgedrückt werden. Wichtig ist, dass es um den Sprecher geht. Ich erteile den Auftrag, einen Text abzufassen, den der einzelne gerne bereit ist vorzulesen, und gebe im Nebensatz den Hinweis, dass ein Text, der andere interessieren soll, am Besten etwas mit Ehrlichkeit zu tun hat – und mit seinem Sprecher. Hierzu sagt die Dichterin und Workshop-Leiterin Xochil A. Schütz, dass ein persönlicher Text nicht automatisch betroffen mache und keinesfalls zwangsläufig unliterarisch sei.

Etwas verhalten beginnen die ersten nach 20 Minuten mit Selbstbeschreibungen: „Ich bin anders, besonders, charismatisch, drastisch etc.", gewiefte Schüler schließen mit „Ich bin Aktenzeichen XYZ ungelöst" oder „Wir lebten nie in Xanten, ritten nie auf Yaks und sind doch zoologisch einwandfrei". All das ist erlaubt, und wenn man Hauptschülern mit Migrationshintergrund erlaubt, ja sie sogar ermuntert, in der Muttersprache zu schreiben und vorzutragen, so mag man nichts verstehen, erlebt aber immer wieder die Verblüffung der Mitschülerinnen und -schüler über das „Sprechvermögen“ des bisher nur „in und auf Deutsch“ bekannten Kollegen. Diese Alphabete bilden den Grundstock für die Zusammenarbeit. Sie bieten ein inoffizielles Regelwerk und sind eine erste gemeinsam genommene Hürde. Jeder hat nach der ersten Stunde etwas vorgelesen, ich weiß besser über die Schülerinnen und Schüler Bescheid, ich erlaube mir Fragen zu einzelnen Wortfunden, lache und lobe, kritisiere nichts, weil es in diesen ersten Selbstaussagen in der Regel nichts zu kritisieren gibt. Dann stelle ich – meist von den Schülern aufgefordert – meinen „uralten“ Text vor:

Ursprungsalphabet

Ich bin
Ariadne, die dem Faden, dem roten, wollenen folgt
Briseis, die Achilles diente
Bin
Calypso und singe für Odysseus und wünsche, dass
er mich nicht verlässt
Diana, Göttin mit dem Silberbogen, Silberpfeil,
die Mondzicke
Ich bin ein guter Maler und heiße Hitler
I am
Ferlinghetti crying over Allen
Guanin, der DNA-Bauer, der Knecht
Hadrian und baue eine Mauer mir zu Ehren, dem
Reich zur Wehr
Ich auf Freuds Couch
Jonas im Walbauch mit unendlichem Vertrauen
Bin
Kassandra, die ständig spricht, doch keiner hört
Langsamkeit, mit der ich vergesse und an die ich
anschließe

Medea, die deiner Geliebten ein Kleid näht, den
Kindern die Köpfe verdreht
Ich bin
Nora, der du ein Puppenhaus baust
Ochsenfrosch, denn das ist die Liebe zwischen
Frida und Diego
Proteus, denn ich will allen gefallen und hüte die
Robben am Strand
Ich war die Qual des Laokoon ebendort,
wo die Wellen brachen
Ich bin Rilkes Panther-Tierpfleger
Sybille, Sybilla, Cybil – who cares – I speak in
riddles
Ich bin Ton aus Erde aus Sediment aus dem
Adam entstand
Du bist der Hauch und unsinkbar
Ich bin Verlorenes am Wegrand, ein Stein,
den einer lange mitgetragen hat
Warten auf den Läufer aus Marathon, dem
Fenchelfeld
X-Men, die Weltretter, die Ahnen der Tafelrunde
Ich bin zynisch, Baby, zynisch
Ich binz

Wenn das Ursprungsalphabet vorbei ist, geht manchem ein Licht auf und ich erhalte tags darauf eine überarbeitete private Alphabetversion, die ich sehr ernst nehme und meistens noch einmal vortragen lasse. Als Befreiung wird es empfunden, eine Zeile singen, ein Schimpfwort oder eine Beleidigung, die Satzform statt des Reimes verwenden zu können, ohne dafür eine Abmahnung zu erhalten.

Stets eruiere ich mit der ganzen Gruppe, woher das Gefühl der Befreiung kommt. Was uns so „bindet“ im Umgang mit der Sprache, was uns das Gefühl von Unfreiheit vermittelt. Und für viele ist klar, dass es das Buch, der Formalismus, die große Welt ist, die man hinter einer Sache, einem Text erahnt und die einem gänzlich verschlossen scheint. Das Wort „unwürdig“ höre ich oft aus den Aussagen heraus. „Ich fühle mich, als würde diese ganze Welt aus Büchern und Wissen mir nicht gehören, als wäre ich davor und könnte nicht rein. Literatur, Bücher und so, das ist nur was für ernste Leute, die viel lesen.“ So Fernando, den ich in einer Hauptschule gesprochen habe. Die verschlossene Tür gilt es zu verglasen. Zumindest teilweise.

Ich weiß, dass mich mein Deutschunterricht sehr begleitet hat und von Lehrerpersönlichkeiten gezeichnet war, die mich geprägt haben und die ich verehrte. Ich habe gerne Gedichte analysiert und hielt es für unbedingt notwendig, schließlich war in den Texten so viel mehr drin, als es zunächst den Anschein hatte. Ich habe sie mit allem schematischen Verstand, der mir für die Mathematik leider völlig abging, unter die Lupe genommen. Bei den kürzesten Gedichten habe ich die Silben gezählt, Farbabgleichungen ihrer Vokale vorgenommen und den inneren Ton der Strophen mit der Erscheinungsform der einzelnen Verse in Verbindung gesetzt.

Ich fühlte mich offensichtlich frei genug, dies tun zu dürfen. Diese Leistung wurde mir angerechnet. Ich galt als eine, die vor allem Lyrik verstand, ihre Formeln, Auslassungen, ihre Muster. Und ich merkte, dass sich mir durch die Lyrik – und ich meine Ulla Hahn, Ingeborg Bachmann, Paul Celan, Else Lasker-Schüler, Ernst Jandl, Erich Kästner, Walther von der Vogelweide, Heine, Goethe, Schiller – die Kulturgeschichte der deutschsprachigen Welt gefühlsmäßig erschloss. Ich erkenne dies als den wahren Wert meiner schulischen Ausbildung.

Ich denke nicht, dass diese Erkenntnis zehn Jahre nach meinem Abitur noch eine große Rolle spielt. Auch für Gymnasialschülerinnen und -schüler tut es dies nicht mehr. Es geht vielmehr ums „Mitkommen“, das Verstehen des Hier und Jetzt. Und dazu gehört es unbedingt, dass die Schülerinnen und Schüler in ihrer Weltwahrnehmung ernst genommen werden, dass sie erzählen können von Computerspielen, Fernsehsendungen, Handyfilmen und ihrer Vorstellung von Kulturrezeption. Ich weiß nicht, wie beim G8-Stress-Pensum Zeit bleiben soll für Lehrer, sich lebende Künstler und deren Werk zu Gemüte zu führen, Stunden vorzubereiten, diese Künstler gegebenenfalls sogar einzuladen und dann den Besuch mit den Schülerinnen und Schülern nachzuarbeiten.

Vielleicht laufen wir auf Zeiten zu, in denen immer weniger Abiturienten jemals ein Symphoniekonzert, eine Theateraufführung, einen wertvollen Kinofilm, eine Ausstellung, eine Lesung oder gar eine Tanzinszenierung besucht haben werden. Von den Schülerinnen und Schülern anderer Schultypen ganz zu schweigen. Sicherlich spielt dabei die Sozialisierung eine gewaltige Rolle. Gehen die Eltern nicht ins Theater, gehen die Kinder wohl auch kaum, weshalb die Schule so unendlich viel ersetzen, zeigen, auffangen, ausprägen muss. Wollen Schüler und Lehrer sich nicht zu weit voneinander entfernen, voreinander außer Hörweite geraten, müssen sie einander zügig immer und immer wieder auf Verstandes-, Verständnis- und Gegenwartsebene begegnen. Dabei ist es unerlässlich, dass mehr aus dem Hier und Jetzt Einzug in die Unterrichtsgestaltung findet.

Vielleicht ist der deutsche Rapper Dendemann der größte lebende Dichter deutscher Sprache, sein Album mit dem Titel *Die Pfütze des Eisbergs* aus dem Jahr 2006 die erstaunlichste lyrische Produktion des Jahres. Für seine Fans, die an ihm kaum die aus dem Klischee bekannte Rapper- und HipHop-Attitüde der achtziger Jahre zur Orientierung finden, sind es die ausgeklügelten Wortspiele, die ihn zum Kult erheben.

Dazu zwei Strophen aus Dendemanns nicht „Lied“, nicht „Song“, das heißt in diesem Zusammenhang „Track“ – und ja, das ist Englisch, und wie so vieles MUSS es das auch sein, das hat mit Bezugs- und Verweischarakter zu tun, ist nicht etwa einfache Laune, Nachgeplappere und Gehirnleere, das ist Anschluss an eine im Vergleich noch junge Tradition, das ist Referenz und Respekt in Wortform:

Meine 26 Kumpels sind immer noch dieselben
Meistens chill ich mit a, e, i, o, u
Ich weiß zwar nicht warum ich frage nie wozu
Ich feile und style Zeile für Zeile
Immer schön der Reihe nach Eile mit Weile.
Mit Geduld und Spucke web ich mein Spinnnetz
Hab dues schon gepaid sobald ich mich hinsetz
Doch viele Faker begreifen es erst jetzt
Wenn ihr schon in der Heia seid schleif ich noch am Text
Zerrippe das Mic im Eifer des Gefechts
Wenn ich anfang zu spitten wird der Cypher hier zerflext.
Ich fronte nicht aber nein niemals ich
Check mal die Rhetorik ab ich schreib wie man‘s spricht.

Was ich verdeutlichen möchte: Dendemann ist wie Goethe zu Zeiten des Sturm und Drang. Er spricht augenscheinlich in einem Code, den nur Eingeweihte teilen, und es ist ein Ignoranzurteil, wenn wir annehmen, die einzigen Eingeweihten seien Jugendliche, und von denen wiederum nur die, die sich der HipHop-Kultur angeschlossen fühlten. Dendemann spricht über eine ganze Generation und führt sie vor, die Kinder der Achtziger, die, in den Siebzigern geboren, eine Dekade später in das gesellschaftliche Leben eintauchten, es kulturell und politisch aufnahmen und verarbeiteten. Dendemann ist Jahrgang 1974, geht auf die 40 zu, und ein Paradebeispiel für die Art der Aufarbeitung der Vergangenheit im Hier und Jetzt. Sie geschieht „versatzstückhaft", wirkt chiffriert und bedarf einer wachen Auffassungsgabe, um nachvollzogen werden zu können.

Wach ist dabei, wer sich umsieht und wirklich etwas sehen kann. Sehen zu können setzt die vorhergegangene Schärfung der Sinne voraus und/oder eine erklärende Begleitung beim Prozess. Wer kann erklären? Der, der etwas weiß. Und wer kann Sinne schärfen? Der, dessen Sinne selbst geschärft sind, der wach ist.

Lehrer werden nicht darum herumkommen zu lernen, um zu lehren. Und wer wird lehren? Die Schülerinnen und Schüler und ihre Sprach-, Denk-, Spiel- und Erfahrungswelten. Dafür sollte mehr Raum sein in den Abläufen des Schulalltags. Die verbale Ausdrucksfähigkeit muss gefördert werden durch direkte Ansprache und wirkliches Sprechen miteinander und eben auch über Altersgrenzen hinweg. Ich bemerke, dass viele Schülerinnen und Schüler selten mit Menschen reden, die älter sind als sie selbst. Bei Kindern mit Migrationshintergrund mag es sein, dass die Muttersprache für diese Kommunikation reserviert ist, jedenfalls mutet vieles in der Lückenhaftigkeit des Ausdrucks, der wortwörtlichen Verdrucksheit irgendwie schief an. Schülerinnen und Schüler sollten während ihrer Schulzeit die Fähigkeit erwerben, mehrere Sprachen in der einen zu sprechen – weil sie das brauchen werden. Und diese Lehre wird nur durch Lehrer transportiert werden können, die diese Fähigkeit bereits besitzen.

Ich werde nach den neuen Tendenzen in der Literatur befragt, die ich beobachte: unbedingt ist es die Multilingualität. Nicht erst seit Wladimir Kaminer kommt das Slawische in die deutsche Literatur und nicht erst seit Feridun Zaimoglu das Türkische. Seit die letzten Einwanderungswellen brandeten, wurden deutsche Wörter mit Wörtern anderer Sprachen verwaschen und versetzt, versandeten die deutschen und strandeten die anderen. Mit diesem Strandgut schreiben wir mittlerweile Geschichte und auch Bücher, die es wert sind, gelesen zu werden, weil sie eben diese Geschichten wiedergeben, die vom Deutsch-Werden unter widrigen Umständen oder die vom Türkisch-Bleiben wegen der ganzen Umstände. Auch im Deutschunterricht können Werke anderer Sprachen gelesen werden, direkte Bezüge würden so hergestellt und Fähigkeiten wie Beobachtung, Betrachtung, Lautung gefördert. Um Deutsch unterrichten zu können, muss man also Englisch, Französisch, Spanisch, Türkisch können? Ja, sicher! Literatur ist nun mal eine sprachliche Angelegenheit und Autoren, das weiß ich aus eigener Erfahrung, ist nichts heilig. Nicht mal die Sprache, die ihr einziges Heiligtum ist.

Hierzu vielleicht mein lakonischer Kommentar in Gedichtform:

Modern

Einen Baum pflanzen
Darauf ein Haus bauen
Da rein ein Kind setzen
Das Kind zweisprachig anschreien.

Weitere Einflüsse, die ich ausmachen kann: das gesprochene Wort und die Einbeziehung der nicht mehr wegzudenkenden Medien. Das Kapitel der Medien ist so groß und wichtig, dass ich mich kaum daran wage. Aber um vor Augen zu führen, dass die Medien keine unbeherrschbaren Schreckgespenster sind, muss das Bewusstsein entstehen, dass auch ein Text selbst ein Medium ist.

Im zweiten Teil meines Workshop-Konzeptes für Schulen lege ich den Schülerinnen und Schülern Texte, Klassiker der Lyrik vor: Heines *Das Fräulein stand am Meere,* Goethes *Zauberlehrling* oder *Belsazar,* Eugen Gomringers *fliegt* und andere und erteile den Auftrag, den Text in Zusammenarbeit mit einem Partner szenisch darzustellen. Da wird der Text zum Medium. Er schließt den Bereich des Spiels auf. Vom Spiel ist der Weg zur Umsetzung nicht weit. Und die Dokumentation der Umsetzung erzeugt oftmals wieder ein Kunstwerk, einen Film beispielsweise, über den es sich zu reden lohnt.

Das Sprechen der Texte ist dabei eine wichtige Angelegenheit. Werden sie nicht gesprochen, bleiben sie ungehört und somit konsequenzlos. Und ein Text ohne Konsequenz – und das versteht jeder Schüler instinktiv – ist wertlos. Reaktionen sind wichtig und eigene Reaktionen auf etwas zu haben, das ist erlaubt. Das ist die Nachricht, die es zu senden gilt. In der Beschäftigung mit Slam-Texten geht es hierbei um „Interaktionsästhetik", so das Stichwort nach Slam-Theoretiker Boris Preckwitz.

Beim Poetry Slam geht es um Emotionalität. Direkte emotionale Reaktion geht vor intellektuelle Hinterfragung. Das tut in vielen Fällen gut. Geschmacksurteile bilden zu dürfen und begründen zu können, das soll Ziel der Vermittlung sein.

Ulf Abraham und Petra Anders definieren in ihrem Artikel *Poetry Slam und Poetry Clips* folgende positiven Effekte resultierend aus der Einbindung des Poetry Slam in den Unterricht: Motivations- und Sachkompetenzsteigerung, vertiefte Reflexion literarischer Qualität, Anschlusskommunikationsleistungen durch die Schaffung einer sozialen Gruppe rund um das literarische Geschehen, Emotionalität und die Verbesserung bzw. Erleichterung sozialer Interaktion. In allen Punkten kann ich ihnen aus Erfahrung zustimmen, möchte aber nicht versäumen, die Texte der vielfältigen Gattung der Slam Poetry auch als Trägermedien für andere Themen außerhalb des Deutschunterrichts zu nennen. So habe ich erstaunliche Gesprächsrunden öffnen können durch das Bearbeiten dieser beiden Texte:

Und es war ein Tag
Und der Tag neigte sich

Und es war Stehen und es war Warten
Und es war eine Masse und es sah aus, wie ein Meer
Und es waren Männer und es waren Frauen
Und es waren Kinder und es roch nach Leder
Und es waren Koffer und es war Dampfen
Und es waren Münder und es war das Wort
Und es war Stumpfes und es war Taubes
Und es waren Große und es waren Mäntel
Und es waren Hunde und es war Wimmern
Und es war Weinen und es war ein Zug
Und es waren Waggons und es war eine Rampe
Und es war Eile und es hieß: Hinein
Und es war Drängen und es war wieder Eile
Und es war Härte und es war der Ton
Und es waren Hände und es waren Blicke
Und es waren Minuten und es war Enge
Und es war kein Raum
Und es war bald Nacht und es war ein Scherz
Denn sie waren wie Rinder
Und es war ein Riegel und es war ein Ruck

Und es war Fahren und es war keine Luft
Und es war Nacht und es war Zeit
Und es war zu lang
Und es war Flüstern und es war Raunen
Und es war Mutmaßen und es waren Fragen
Und es war Hitze und es war zu eng
Und es war wieder Weinen und es war ein Eimer
Und es waren vier Ecken und es war ein Geruch
Und es war eine Scham
Und es waren Stunden und es waren Stunden
Und es waren Stunden und es waren Stunden
Und es war Durst und es war Wirre
Und es war Sinken und es war Lehnen

Und es war ein müdes Gebet
Und es war trübes Wasser aus der Kelle
Und es war ein Ruck

Und es war ein Lauschen und es war eine Hoffnung
Und es war eine Sprache und es war ein Land
Und es waren Stunden und es waren Stunden
Und es waren Stunden und es waren Stunden
Und es waren Ahnungen und es waren Gerüchte
Und es war ein Feuer, das lief
Und es waren Fetzen und es waren Worte
Und es war sicher nicht wahr

Und es war ein Ruck
Und es war wahr
Und es war ein seltsamer Name

Au-schw-itz

Und Gute Mächte von Xochil A. Schütz:

Xóchil A. Schütz
gute mächte
dieser text zitiert dietrich bonhoeffer

weil ich weiß, dass ich wieder aufsteh
und wieder meinen weg langgeh
weil ich weiß, dass ich mich wieder frei&willig wegdreh
weil ich weiß, dass ich dich wiederseh
deswegen – kann ich mich immer dichter an dich legen
so verwegen macht mich mein vertrauen:
weil ich dich heute liebe, brauch ich nicht auf die
zukunft bauen
und weil ich weiß, dass du wieder aufstehst
und wieder deinen schönen weg begehst
weil ich die kraft und ruhe deiner seele kennenlerne
halt ich dich gerne! halt ich dich gerne,
wenn du nähe suchst

halt ich dich gerne, wenn du wegen schmerzen fluchst
und weil ich weiß, dass wir beide unsre schönen wege gehn
ist es okay, wenn wir uns zwischendurch mal nicht verstehn
ist es okay, weil ich weiß, dass wir uns leiser wiedersehn
und weil ich weiß: ich kann mir selbst verzeihen und vertrauen
weil ich das weiß, kann ich mit so viel liebe
so viel güte, so viel freude auf dich schauen
und weil du weißt: ich werd mich wieder glücklich an dich schmiegen
lässt du mich fliegen, lässt du mich auch alleine fliegen
ja, weil wir wissen, wir können uns vertrauen
deswegen bauen wir auf heute und sind auch morgen
von guten mächten wunderbar geborgen
erwarten wir getrost, was kommen mag
denn gute mächte sind mit uns am abend und am morgen
und ganz gewiss an jedem neuen tag
ja, weil wir uns vertrauen, deswegen bauen wir auf heute und sind auch morgen
von guten mächten wunderbar geborgen

Da werden Texte, die unmittelbar im Hier und Jetzt entstanden und ganz unzweifelhaft gegenwärtig sind, in Sprache und Form zu Denkanstößen für die Reflexion über Geschichte, Religion und immer wieder andere Texte, die bereits kanonisiert sind.

Ich empfehle Lehrerinnen und Lehrern auch, Graphic Novels zu lesen, einen Zugang zu finden zu den Schrift-Bild-Werken mit weitgefasstem Themenkreis. Auch zu Mangas und

Animes, denn viele Jugendliche verstehen mittlerweile ein wenig Japanisch, ohne dass ihre direkte Umwelt das wüsste oder ernst nehmen würde. Wer Schreibwerkstätten organisiert, sollte auf größtmögliche Freiheiten beim kreativen Prozess achten, sollte eine „neue Umgebung“ in der alten schaffen, sollte ernst nehmen, was produziert und oft unter großen Ängsten vorgetragen wird.

Die experimentellen Strömungen in der Literatur sollten beleuchtet werden und bewusst starke Einbeziehung in den Unterricht erfahren. Wer lachen kann in einer Schulstunde – nicht über andere, sondern gemeinsam über ein dadaistisches Gedicht zum Beispiel –, der erinnert sich besser an Inhalte, verbucht diese gemeinsame Erfahrung als angenehm. Lehrer und Lehrerinnen sollten Ernst Jandl und Eugen Gomringer vorspielen, um das Absurde am Gedichtvortrag zu zeigen und die Sinnhaftigkeit des Unzusammenhängenden. Keine Angst vor dem Experiment! Und sie können die Schülerinnen und Schüler erklären lassen, was sie sich zu vermitteln scheuen.

Auch auf die jüngsten Stimmen aus den Verlagen ist zu hören, denn sie machen die Literaturszene der Zukunft aus. Wenn Lehrer den Strömungen mit englischen Namen oder französischen Chiffren nachgingen, würden sie Quellen entdecken, die ihre Schüler längst kennen. Viel wichtiger als die schriftliche Interpretation von Texten scheint mir das analytische Gespräch darüber. Man sollte im Unterricht genau nachfragen, wie jemand etwas verstanden hat, den direkten Draht zu Künstlern suchen und sich nicht scheuen, Schülerinnen und Schülern Autoren zu präsentieren. Man muss diese Begegnungen gut vorbereiten, die Schüler und Schülerinnen Texte des Autors lesen lassen und anschließend besprechen, so können diese Begegnungen für beide Seiten erhellend sein.

Übrigens: Mitten im Kapitel Naturlyrik in Cornelsens Lesebuch für die 10. Klasse[1] steht zwischen Ernst Jünger und Goethe ein Text von Nora Gomringer über etwas sehr Banales. Lehrerinnen und Lehrer können Gewinn daraus ziehen, wenn sie die Schülerinnen und Schüler „einfach machen lassen", ihnen behilflich sind, einen Gedanken zu befördern.

Ein Ärgernis

Da liegt eine Schnecke auf dem Weg.
Da liegt eine dicke Schnecke auf dem Weg.
Ja, wo kommt die denn her?
Hat es geregnet?
Ist die vom Regen gekommen? Oder mit ihm oder
hinter ihm her?
Kommt die aus der Erde?
Was machen wir denn jetzt?
Kommt diese Schnecke da aus der Erde?
Was machen wir denn jetzt? Kennt sich hier einer
aus?
Was macht die Schnecke denn da?
Liegt die einfach nur rum?
Kann die das? Darf die das?
Was macht die Schnecke denn da auf dem Boden?
Wenn da jetzt so eine Schnecke liegt, was passiert
denn dann?
Müssen wir da jetzt durch? Müssen wir uns das
bieten lassen?
Ob die mal weggeht? Ob die mal aus dem Weg
geht?
Oder liegt die einfach nur da? Wieso liegt die denn
eigentlich da? Genau da? Da, da, da?
Ich frag mich, was wir jetzt machen? So überhaupt.
Das ist doch ein schlechtes Zeichen. Das sieht nach
Regen aus.
Warum ist die denn nicht in der Erde geblieben?
Was macht denn die Schnecke jetzt?

Liegt die einfach nur weiter so rum? Muss ich die anfassen?
Reagiert die auf Pfeifen?
Können Schnecken springen?
Könnte mich diese Schneck da anspringen?
Dann wär sie wenigstens aus dem Weg.
Was macht denn der Vogel da?
Was will der von der Schnecke? Mag der die Schnecke?
Kennen die sich wohl?
Was ist denn jetzt da los?
Und der Hund?
Was will der Hund da von der Schnecke und dem Vogel?
Was wird das jetzt da so?
Hm?
Na. Nu.
Wo ist denn die Schnecke? Die liegt ja gar nicht mehr im Weg.
Ist die wohl wieder unter der Erde? Aus dem Weg und unter der Erde? Aus dem Weg und unter der Erde und bleibt die dort?
Wo ist denn der Vogel? Ist der mit dem Hund unterwegs?
Gehen die jetzt die Schnecke suchen? Was ist denn jetzt passiert?
Ist die Schnecke vielleicht weggekommen, vielleicht weggekommen?
Aber wohin?
Wohin gehen Schnecken? Wenn sie mal aus dem Weg sind?
Gehen die dann mit Hunden mit? Dahin wo Vögel sind? Ich möchte gerne wissen, was so 'ne Schnecke denkt?
Was denkt sich diese Schnecke?
Denkt die sich was?
Denkt die sich was dabei?

So eine Schnecke ist eigentlich wenig ergiebig. Und wo ist die überhaupt hin?

Aus der Beschäftigung vieler Schulklassen mit diesem Text haben sich erstaunliche Videoarbeiten entwickelt. Und auf einmal ist das sehr Banale „erlaubt“ und gar nicht so banal – weil es im besten Falle einen Verweischarakter hat. In diesem Falle vielleicht eben die unruhige, schneckenfeindliche, schrebergärtenfreundliche deutsche Seele oder deren Stereotype.

Auch ein Blick auf den Hörspielmarkt ist erlaubt: Man kann auch hören statt lesen lassen. Um ein paar Klassiker der Weltliteratur aufzunehmen, gilt Schrankenlosigkeit: Audiokanäle frei und Augen auf für Kinoadaptionen!

Es wäre empfehlenswert, Gedichte immer dann zu wählen, wenn Langtexte auf Ablehnung stoßen. Gedichte kann man als „gepresste Literatur“ verkaufen, als gehaltvolle Espressi, die einen anfüllen, wärmen können. Und auch die Lieder aus den Charts bieten sich an, sie erklären, wo Schülerinnen und Schüler gerade emotional und lyrisch stehen. Kein von Dieter Bohlen geschriebenes Lied ist weit weg von den Inhalten der einfachsten Minnelyrik.

Nichts auslassen, sondern ein Buffet eröffnen, Parallelen, Schönheiten und Verblüffungen aufzeigen und die erwähnten zu verglasenden Türen über eigene Erfahrungsberichte schließlich aufschließen. Es gilt, den Ton zuzulassen, auch bei ungenauer Kenntnis des Wortlautes. Petra Anders definiert in ihrer Dissertation zum Thema Poetry Slam im Deutschunterricht die verschiedenen Bestandteile des Formats: das Schreiben, das Lesen, das Sprechen, das Zuhören sowie das Nachdenken über Sprache. Slam-Poetry-Texte sind Zwitterwesen der Mündlichkeit und Schriftlichkeit, da sie meist zuerst niedergeschrieben und dann zum freien Vortrag auswendig gelernt werden. Diese Erkenntnis kann, so

Anders, positiv auf die Wahrnehmung der Geschichte und der Gegenwart des oralen Paradigmas einwirken, durch eigene Kreativität einen Wissensvermittlungsfaktor erhalten.

Ich möchte noch weiter gehen und viel allgemeiner werden: die Beschäftigung mit den Produkten des Jetzt macht die Schülerinnen und Schüler medienkompetenter. Da viele Künstlerinnen und Künstler, viele Autoren ihr Werk medialisieren oder immer häufiger für die Medien aufbereitet inszenieren, wird der Weg zu den Künsten zwangsläufig über die Medien erfolgen müssen.

Diesen Weg angstfrei und selbstbewusst begehen zu können, gehört zu den Ausbildungszielen.

Man kann das mit einem Spaziergang durch einen Ort vergleichen, einem Erkundungsgang zu den alten und neuen Stadtteilen. Die alten Pfade, das sind die wichtigen, aber ausgetretenen Verbindungswege, die früher von A nach B brachten und deren Informationsgehalt heute noch ausreicht, um die Hälfte der Fragen bei *Wer wird Millionär?* zu beantworten. Die Beantwortung der andere Hälfte freilich, die bedarf der Informationen, die die neuen Wege offenbaren. In den Häusern links und rechts dieser Wege wohnen die neuen Inhalte, wie neue Nachbarn aneinandergereiht. Und der Blick auf den Ort wäre nicht komplett und schon gar nicht zukunftsgerichtet, wenn man nicht bewusst die Anlage des Ortes planen und gezielt aufbauen würde.

Zum Schluss ein Zitat aus Eugen Gomringers Rede *der dichter und das schweigen* aus dem Jahr 1964: „dass wir lernen, auf worte zu achten, worte zu hören, dass wir freude haben an worten, dass wir heiter werden mit worten, dies ist des dichters anteil an den tätigkeiten der menschen."

1 Mieth, Annemarie und Daubert, Hannelore. (Hrsg.): Unser Lesebuch, 10. Neubearbeitung. Cornelsen Verlag, Berlin, 2005. S. 66.

Lyrik und Larynx: die Sprechdichtung

Ein Schriftsteller ist genau das: ein Schrift-Steller. Selbst ich, die ich in so vielen Aspekten meiner Arbeit mit dem nachträglichen Vermündlichen von vorträglich Verschriftlichtem beschäftigt bin, sehe mich als Autorin von Texten. Meine Arbeit hat viel mehr mit Schrift, Tastatur, Blatt, Ausdruck, Lektorat zu tun als mit der Kleistschen allmählichen Verfertigung der Gedanken beim Reden.

Ich werde etwas mit der Sprache machen
für J. H.

Ich mache jetzt etwas mit der Sprache
Werde jetzt etwas ganz Bestimmtes, Besonderes
mit der Sprache machen
Da werden Sie staunen
Ich werde etwas ganz Erstaunliches machen mit
der Sprache
Sie werden Ihren Partner an der Hand fassen
wollen so ganz und gar erstaunlich
Wird das sein
Auch wenn Sie nicht staunen wollen, weil abgeklärt
und aufgeklärt und alles
So wird es doch ganz erstaunlich und unerwartet,
ja unvorhersehbar sein
Vielleicht wollen Sie Gott oder Ihre Eltern anrufen
So etwas Erstaunliches, was ich jetzt vorhabe mit
der Sprache
Das wird ganz unerhört sein, was ich jetzt mache
mit der Sprache, dieses Etwas
Erstaunlich wird es Ihnen vorkommen, für ihre Sinne
fast unverständlich
Diese Sprache, meine Sprache, ihr Effekt
Was sie auslösen wird
Ich werde Ihnen etwas vormachen mit Ihrer Sprache

Ihrer durch und durch bekannten Sprache etwas
abringen
Da werden Sie staunen werden Sie da
Darüber, wie ich ringe damit
Ganz unglaublich wird das werden für Sie
Wenn ich da etwas mache mit der Sprache
Was Sie verblüfft und ganz atemlos Ihren Nachbarn
ansehen lassen wird
Ich mache also etwas ganz Außergewöhnliches mit
dieser Ihnen so bekannten
Von Ihnen genutzten Sprache
Das mache ich
Gleich
Sie müssen nur dabeibleiben, wenn ich da jetzt
Ja, Sie könnten sagen, zaubere, vielleicht möchten
Sie sagen,
Dass ich zaubere, so etwas wie Magie liefere
Jetzt mit Ihrer verdammten Sprache
Die Ihnen gefällt, gehört, Ihre ist
Jaja, keine Sorge, das ist Ihre
Da werde ich ganz schöne Vögel oder Sterne draus
zaubern
Per Scherenschnitt
Mit Ihrer Sprache mache ich gar nichts
Wenn Sie jetzt nicht weiter zuhören und dabei-
bleiben
Schauen Sie doch hin, wenn ich etwas ganz Außer-
gewöhnliches mit der Sprache mache
Schauen Sie doch, wie ich das mache, machen
könnte, was ich machen könnte, wenn Sie mich
denn nur verdammt noch mal ließen
Mit der Sprache ließe sich so viel machen, so Vieles
ganz Unglaubliches
Unerhörtes und wahnsinnig Effektives, wenn Sie
mich nur ließen
Warum lassen Sie mich denn nicht
So wird das natürlich nichts

Nichts Außergewöhnliches, Erstaunliches
mit der Sprache
So wird das
Gar nichts, sehr bedauerlich, so ganz ohne
Zauberei wird das nichts mit der Sprache
Wenn Sie nicht dabeibleiben an der unerhörten
Sprache, der ganz außergewöhnlichen, durch
meine Arbeit an ihr so veränderten, bekannten, altbekannten Sprache, so wird das
natürlich etwas ganz Anderes, ganz
vom Anfangsgedanken Abgekehr-
tes, so wird das nämlich

Nichts.

Was ist das für ein Text? Der österreichische Autor Bodo Hell nennt seine Sprachfuriosa, seine enzyklopädischen Romane, seine Weltinformationssammlungen „Sprechtexte". Er benennt sie nach ihrer Umsetzung, nicht primär nach ihrem Inhalt.

Ich möchte hier Auskunft geben über einen Aspekt meiner Arbeit: die laute Seite. Neben den stilleren, blatt- und lesekonzentrierteren Texten, die ich veröffentliche, gibt es seit 2001 eine Reihe von Sprechtexten, die ich verfasst habe und mit denen ich vielfach im In- und Ausland aufgetreten bin. Ich habe gehört, dass Landau sich zu einem Poetry-Slam-Mekka entwickelt. Als Slammasterin Bambergs und Slammerin a.D. freut mich das sehr. Eine Slambühne ist eine Bühnenform für einen Sprechtext, aber nicht die einzige.

Mit dem Formbegriff „Sprechtext" wird ein Auftrag vermittelt: Dieser Text ist zu sprechen. *Ich werde etwas mit der Sprache machen* ist ebenfalls ein solcher Text, der allerdings mit dem Sprechen hadert. Das Sprechen wird ironisch mit den positiven Kräften der Verblüffung belegt. Das Sprechen bringt Neues, erhellt, verklärt, ist magisch und extra mit

„Magie“ aufgeladen, eine naiv-heilige Handlung, die für den Zuhörer bei ausreichender Menge an zugeführter Sprech-Magie so etwas wie „Zauber“ hervorrufen kann. Verzauberung. Während dieser Überhöhung der Sprache muss der Sprecher seinem Thema hinterherbuchstabieren. Er ist gezwungen, die Versdichte mit schnellem Sprechen „gutzumachen“, die unangenehm prosaisch gefärbten Verse, die, verbunden mit Alltagssprache und stark Klischeehaftem im Themenfeld Sprache, gegen seine eigenen, wachsenden Selbstzweifel (Ob noch einer zuhört? Müsste doch einer zuhören? Wenn keiner hinhört, spreche ich dann überhaupt? usw.) zu formulieren. Der Sprecher kündigt einen Akt an, einen Sprechakt, der seinen Zuhörer sein sprichwörtliches „blaues Wunder“ erleben lassen wird. Er baut eine Erwartungshaltung auf, nicht, indem er elegant ein außersprachliches Thema ankündigt, sondern Sprache an sich zum Event macht, auf das alle warten, während er doch spricht. „Sprache wird einsetzen.“ Welche Sprache? Eine andere Sprache als die, die gemeinhin gesprochen wird? Gar eine Dichtungssprache, wie sie von Bachmann oder Lasker-Schüler gefordert wird? Nein, es ist die „altbekannte“ Sprache, die, die alle benutzen, alle verstehen – als ob es die gäbe. Jedenfalls wird irgendwann etwas mit der Sprache gemacht werden, was allen den Atem verschlagen wird, so viel ist sicher. Der Sprecher des Textes glaubt daran, sieht sich aber in seiner Botschafterrolle behindert. Er meint, er würde nicht gehört, er meint, Unruhe könnte seine Botschaft korrumpieren. Er ist der festen Überzeugung, dass wenn die Sprache nicht gehört wird, das große Was-man-mit-der-Sprache-machen-könnte, der große Konjunktiv, eine Auflösung erfährt. Ins Nichts. Nun gibt es in der Sprache kein „Nichts“. Zu dieser Erkenntnis kommt der Zuhörer, und vielleicht lässt ihn nicht nur mein schnelles, von Mienenspiel unterstütztes Sprechen lachen, denn der Sprechakt kann nicht nur – und das ist wichtig – eine Entstellung sein, sondern auch genau diese Erkenntnis. So viel Sprechen, um am Ende nichts gesagt zu haben – im wahrsten Sinne, denn es fällt das Wort: „nichts“. Shakespearisch wird dieser Umstand mit viel Lakonie als „Much Ado About Nothing“ vermündlicht.

Dieser Text über das Mit-der-Sprache-zu-Machende entspricht meinem tiefsten Verständnis für einen Sprechtext. Ein Sprechtext ist ein Minimal-Monolog. Für eine Person geschrieben, ist er nach meist strenger aristotelischer Dramentheorie gewirkt. Die sprecherisch-szenische Darstellung einer tragischen Handlung, in der Großes gestürzt und Niedriges erhöht wird, soll Jammern („Eleos“) und Schaudern („Phobos“) beim Zuschauer auslösen. Nach Aristoteles denke ich an eine Möglichkeit zur Reinigung („Katharsis“) von starken Affekten bzw. die Vorführung des Lächerlichen und erteile durch diese Transparenz die Erlaubnis, einen Blick auf das Selbst zuzulassen.

Ein weiteres Beispiel für die Erhöhung einer Niedrigkeit, wie sie kleiner nicht sein könnte:

Ein Ärgernis

Da liegt eine Schnecke auf dem Weg.
Da liegt eine dicke Schnecke auf dem Weg.
Ja, wo kommt die denn her?
Hat es geregnet?
Ist die vom Regen gekommen? Oder mit ihm oder hinter ihm her?
Kommt die aus der Erde?
Was machen wir denn jetzt?
Kommt diese Schnecke da aus der Erde?
Was machen wir denn jetzt? Kennt sich hier einer aus?
Was macht die Schnecke denn da?
Liegt die einfach nur rum?
Kann die das? Darf die das?
Was macht die Schnecke denn da auf dem Boden?
Wenn da jetzt so eine Schnecke liegt, was passiert denn dann?

Müssen wir da jetzt durch? Müssen wir uns das bieten lassen?
Ob die mal weggeht? Ob die mal aus dem Weg geht?
Oder liegt die einfach nur da? Wieso liegt die denn eigentlich da? Genau da? Da, da, da?
Ich frag mich, was wir jetzt machen? So überhaupt.
Das ist doch ein schlechtes Zeichen. Das sieht nach Regen aus.
Warum ist die denn nicht in der Erde geblieben?
Was macht denn die Schnecke jetzt?
Liegt die einfach nur weiter so rum? Muss ich die anfassen?
Reagiert die auf Pfeifen?
Können Schnecken springen?
Könnte mich diese Schneck da anspringen?
Dann wär sie wenigstens aus dem Weg.
Was macht denn der Vogel da?
Was will der von der Schnecke? Mag der die Schnecke?
Kennen die sich wohl?
Was ist denn jetzt da los?
Und der Hund?
Was will der Hund da von der Schnecke und dem Vogel?
Was wird das jetzt da so?
Hm?
Na. Nu.
Wo ist denn die Schnecke? Die liegt ja gar nicht mehr im Weg.
Ist die wohl wieder unter der Erde? Aus dem Weg und unter der Erde? Aus dem Weg und unter der Erde und bleibt die dort?
Wo ist denn der Vogel? Ist der mit dem Hund unterwegs?
Gehen die jetzt die Schnecke suchen? Was ist denn jetzt passiert?

Ist die Schnecke vielleicht weggekommen, vielleicht
weggekommen?
Aber wohin?
Wohin gehen Schnecken? Wenn sie mal aus dem
Weg sind?
Gehen die dann mit Hunden mit? Dahin wo Vögel
sind? Ich möchte gerne wissen, was so 'ne
Schnecke denkt?
Was denkt sich diese Schnecke?
Denkt die sich was?
Denkt die sich was dabei?
So eine Schnecke ist eigentlich wenig ergiebig. Und
wo ist die überhaupt hin?

Dieser Text ist mittlerweile in den Abiturkanon Sachsens und Baden-Würtembergs aufgenommen worden. Voland & Quist hat ihn 2006 in meinem dritten Lyrikband *Sag doch mal was zur Nacht* veröffentlicht. Mit diesem Band wollte ich dem Sprechtext als Textform ein Exerzitium geben, ein Übungsbuch für die möglichen Formen des Sprechtextes. Dabei ist der Text über eine Schnecke, der letztlich kein Text über eine Schnecke, sondern über einen schlecht gelaunten Voyeur ist, einen Kleingärtner – manche sagen: einen Deutschen –, sicher ein Herzstück. Ich habe ihn als Reaktion auf eine ziemlich langweilige Prosalesung eines an sich geschätzten Kollegen geschrieben, eine sehr willkommene Befreiung von den allzu schweren, großen, abstrakten Gegenständen seines Textes. Der formflexible Gegenstand der Schnecke schien mir offensichtlich die geeignete Repartie auf den Text, von dessen Lesung ich mich belästigt fühlte.

Es stimmt sicher, dass sich Motive im Schreiben mit Motiven im Leben des Schreibers nah sind, bisweilen bis zur Deckungsgleichheit.

Hierzu ein Text, der von Kollegen aus dem HipHop inspiriert wurde. Wer auftritt, egal ob laut lesender Autor, Comedian, Sänger oder Rapper, benötigt einen Text, der die eigene Bühnenrolle proklamiert, den Schatten, mancher spricht von „Aura“, umreißt. Dieser Text umreißt mit den Mitteln des Autors, was der Sprecher eines Textes vermag in dem Moment, in dem er den Text spricht, der ihn definieren soll.

Ursprungsalphabet

Ich bin
Ariadne, die dem Faden, dem roten, wollenen folgt
Briseis, die Achilles diente
Bin
Calypso und singe für Odysseus und wünsche, dass
er mich nicht verlässt
Diana, Göttin mit dem Silberbogen, Silberpfeil,
die Mondzicke
Ich bin ein guter Maler und heiße Hitler
I am
Ferlinghetti crying over Allen
Guanin, der DNA-Bauer, der Knecht
Hadrian und baue eine Mauer mir zu Ehren,
dem Reich zur Wehr
Ich auf Freuds Couch
Jonas im Walbauch mit unendlichem Vertrauen
Bin
Kassandra, die ständig spricht, doch keiner hört
Langsamkeit, mit der ich vergesse und an die ich
anschließe
Medea, die deiner Geliebten ein Kleid näht,
den Kindern die Köpfe verdreht
Ich bin
Nora, der du ein Puppenhaus baust
Ochsenfrosch, denn das ist die Liebe zwischen
Frida und Diego
Proteus, denn ich will allen gefallen und hüte die
Robben am Strand
Ich war die Qual des Laokoon ebendort,
wo die Wellen brachen
Ich bin Rilkes Panther-Tierpfleger
Sybille, Sybilla, Cybil – who cares – I speak in
riddles

Ich bin Ton aus Erde aus Sediment aus dem
Adam entstand
Du bist der Hauch und unsinkbar
Ich bin Verlorenes am Wegrand, ein Stein, den einer
lange mitgetragen hat
Warten auf den Läufer aus Marathon, dem
Fenchelfeld
X-Men, die Weltretter, die Ahnen der Tafelrunde
Ich bin zynisch, Baby, zynisch
Ich binz

Dieses Alphabet ist befreit von seiner klassischen Form. Ich erlaube mir, es meiner Selbstauskunft anzupassen, es mir mundgerecht zu machen. Ich gebe Hitler das „e" des Alphabets in der Zeile „Ich bin ein guter Maler und ...", lasse ihn als Witzfigur auftreten, kann ihn aber nicht aussparen, da er zu meiner Biographie, meinem Selbstverständnis als deutscher Staatsbürgerin gehört. Der jüdischen Dichterin Else Lasker-Schüler, die in den Ton meines Schreibens lange Zeit eingewirkt hat, widme ich eine ganze Zeile, indem ich sie zitiere: „Ich bin Verlorenes am Wegrand, ein Stein, den einer lange mitgetragen hat". So sind beide Verletzungen der Deutschen im 20. Jahrhundert vertreten, und es hat einen Grund, weshalb ich die X-Men aufzähle, die vom amerikanisch-jüdischen Comic-Giganten Stan Lee geschaffen wurden. Am Ende des Alphabetes, wie auch einmal in der Mitte, werde ich lautidentisch – das heißt, ich verhalte mich identisch zu dem, was die Laute vorgeben. Ich werde LANGSAM, und zum Schluss schließe ich das „z" an das „bin", erzeuge umgangssprachlich eine Ich-Aussage: „Ich binz", und lautlich ein lang gezogenes, vom Atemvolumen bestimmtes „zzzz", denn wer sonst ist der Sprecher als ein vom eigenen Atemvolumen Bestimmter.

Wer diesen Text in abgedruckter Form liest, nimmt wesentliche Veränderungen in seiner gesprochenen Form wahr. Das ist die Freiheit des Sprechaktes und auch sein Diktat. Um den Text für seinen Sprecher lernbar, mundnah, sprechbar zu bereiten, wird der Text abgeschliffen, ausgebaut, verkürzt, ausgehöhlt, skandiert, rhythmisiert. Das ist in allen Traditionen der gesprochenen Literatur, jeder *oral tradition* so. Gesprochener Text hat einen Fließtextcharakter, bietet fast ausschließlich mittels differenziertem Vortrag, der Modulation der Stimme, durch Kontrolle und Strategie der Mimik und Gestik die Möglichkeit, einen bleibenden, wenn auch fast nie inhaltlich bleibenden Eindruck zu hinterlassen.

In meinem allerersten Sprechtext, den ich 2001 verfasst habe, spreche ich vieles an, weniges aus, setze auf Beziehungspaare und gebe mir das Korsett der Uhr, bis um 12 Uhr die Stunde der Entscheidung schlägt ... Der Text heißt:

High Noon

Eins. Ja. Du mit deinen Zöpfen. Immer über die Schultern. Getragen. Walküre. Zwei. Ich habe deinen Hund. In meiner Gewalt. In meinem Schrank. Es gibt nur noch. Schlechtigkeit. In der Welt. Kann ich was. Dafür. Dagegen. Kann man nichts. Drei. Tun. Am Ende der Kellertreppe. Steht ein Mann. Schwingt eine Axt. Wie ein Uhrenpendel. Wie geht das noch. Tick. Tack. Erzählt von Einmauerung. Du denkst. So was. Musst du dir merken. Kommt vielleicht nicht. Wieder. Vier. Alles notieren. In die Haut ritzen. Und sich wundern. Warum es sich. Nur über Jahre abträgt. Dabei dient die Notierung. Keinem. Nicht mal dem. Der schlecht ist. Im Ausfindigmachen. Von Wortzusammen. Hängen. Fünf. Heute back ich. Morgen brau ich. Übermorgen. Hau ich dir. Wenn du schläfst. Damit ich die kleinen Feiglinge. In deiner Iris nicht. Springen sehen muss. Den Schädel ein. Sagt er. Verschweigt er. Eigentlich auch. Nicht. Soso. Für solche Neurosen. Können wir kein Verständnis. Aufbringen. Abverlangen. Mein Hund ist verschwunden. Sechs. Heute acht.

Uhr morgens. Einsam und blut. Leer. Aufgefunden da kann man gar nichts mehr tun. Für alle Beteiligten. Ist es eine Schande. Mehr oder weniger. So jung. Sieben. Sagen sie. Kennen Sie Shine. Geoffrey Shine. Soll mal ganz ordentlich das. Piano. Bedient haben. Bis ihm alles. Innerhirnlich zusammengeschmort ist. Zu schade. Halten Sie es. Für Übertrieben. Zu sagen. Dass Hunde eine Seele haben. Nur weil sie ständig Mundgeruch. Haben und nichts. Dagegen tun. Können. Hunde sollten mehr rauchen. Ach, eigentlich. Sollten wir alle zum Militär. Um zu sehen. Wie es da so ist. Und anderswo. Und wie es ist. Unwichtiges. Zeug zu lernen. Und in der Langeweile. Zu ertrinken. Das aber mit dem Gefühl.Der Staatsverantwortung. Verantwortung für den Staat. Oder vom Staat. Für einen selbst. Fein. Das freut mich jetzt. Acht. Acht kleine Neger. Durch die Straßen. Bis sie an den Wänden zerschellen. Und dann. Abends. Sie kennen die Nachrichten. Die betretenen Mienen. Wieder Tote. Bei Ausländerjagd. Hallali. Weidmanns Dank. Diana mit dem Silberbogen und Silber. Pfeil. Mitten ins Herz. Amors Revier. Du Mondzicke. Neun. Und Immer stolz drauf. Bald. Zehn. Und ich muss gehen. Ohne Anhang. Nein. Ich kann dich nicht gebrauchen. Geh weg. Schlaf. Maus. Geh in deine Tasse. Alte Ratte. Schäferstündchen unter. Wölfen und anderen. Vierbeinern. Warum immer Alice. Ekelhafte Bagage. Mord. Riecht säuerlich. Fand ich heraus als ich acht. War oder. Elf. Jetzt lass doch den Kopf. Nicht hängen. Baumeln. So vom Vorsprung runter. Hängen lassen. Orientierungsschwierigkeiten. Sind doch ganz natürlich. Wenn man vom Betrieb. Nicht übernommen wird. Verstehe. Willst dich gehen lassen. Ich soll. Dir helfen. Den Hals dir. Umdrehen. Den Kopf unter Wasser. Halten die Schwimmblase. Aus dem Fischleib streichen. Mit dem Kaviar. Dann zugenäht. Alles nicht. So schlimm. Die Ehre des

Fisches. Ist unantastbar. Du Sack. Dein Hund winselt. Ich verlange. Lösegeld. Aber so richtiges. Nichts was du dir vom Strauch. Klaust. Will ich nicht. Immer Abspeisung. Entgleisung. Eschede. Susie hat ihre Mutter verloren. Susies Vater. Seine Frau. Der Hund. Sein Frauchen. Zwölf.

In diesem Text sind Figur und Motivik der Carolschen *Alice im Wunderland* ständig präsent. Ähnlich dem weißen Kaninchen hoppelt die Perspektive von Figur zu Figur, die sich mit einem Zahlenzitat einführt. Wer in diesem Textnetz vorkommen will, erhält Einlass nur über die Nennung einer Zahl, wobei alle Zahlen nacheinander unweigerlich auf die 12 zustreben, vor deren Nennung die einzige nicht-fiktional bearbeitete Passage gesprochen wird.

Seit ich 2001 mit dem Verfassen längerer Texte begonnen habe, die ich nicht als Lyrik, nicht als Kurzprosa identifizieren konnte, sondern bald (nach dem Vorbild Bodo Hells) eben „Sprechtexte" nannte, fragte ich mich, ob der sprecherische Auftritt, die Personalunion von Schreiber, Sprecher, *text performer* alle Themen zulasse. Ob es für den Laut-Sprecher auf der Bühne Tabus gäbe und auch, ob die Slam-Szene, die damals sehr männlich, sehr balladenorientiert und auf dem Weg zur Comedysierung war, Übertretungen auch ungeschriebener Regeln verzeihen würde. Dazu bekam ich ab 2004 vermehrt Anfragen, in denen ich um das Verfassen von Texten für bestimmte Anlässe, Lyrikbände, Schulbucheinträge etc., gebeten wurde. So nahm ich mich eines inhaltlichen und quasi formalen Tabus an: des Holocaust als Thema für einen Sprechtext, des Flüsterns als Thema für einen lauten Vortrag.

Und es war ein Tag
Und der Tag neigte sich

Und es war Stehen und es war Warten
Und es war eine Masse und es sah aus, wie ein Meer
Und es waren Männer und es waren Frauen
Und es waren Kinder und es roch nach Leder
Und es waren Koffer und es war Dampfen
Und es waren Münder und es war das Wort
Und es war Stumpfes und es war Taubes
Und es waren Große und es waren Mäntel
Und es waren Hunde und es war Wimmern
Und es war Weinen und es war ein Zug
Und es waren Waggons und es war eine Rampe
Und es war Eile und es hieß: Hinein
Und es war Drängen und es war wieder Eile
Und es war Härte und es war der Ton
Und es waren Hände und es waren Blicke
Und es waren Minuten und es war Enge
Und es war kein Raum
Und es war bald Nacht und es war ein Scherz
Denn sie waren wie Rinder
Und es war ein Riegel und es war ein Ruck

Und es war Fahren und es war keine Luft
Und es war Nacht und es war Zeit
Und es war zu lang
Und es war Flüstern und es war Raunen
Und es war Mutmaßen und es waren Fragen
Und es war Hitze und es war zu eng
Und es war wieder Weinen und es war ein Eimer
Und es waren vier Ecken und es war ein Geruch
Und es war eine Scham
Und es waren Stunden und es waren Stunden
Und es waren Stunden und es waren Stunden
Und es war Durst und es war Wirre
Und es war Sinken und es war Lehnen

Und es war ein müdes Gebet
Und es war trübes Wasser aus der Kelle
Und es war ein Ruck

Und es war ein Lauschen und es war eine Hoffnung
Und es war eine Sprache und es war ein Land
Und es waren Stunden und es waren Stunden
Und es waren Stunden und es waren Stunden
Und es waren Ahnungen und es waren Gerüchte
Und es war ein Feuer, das lief
Und es waren Fetzen und es waren Worte
Und es war sicher nicht wahr
Und es war ein Ruck
Und es war wahr
Und es war ein seltsamer Name

Au-schw-itz

Ausgangspunkt für diesen Text war eine Reportage, in der der Satz fiel „... und dann war da ein seltsamer Name: Auschwitz". Eine Holocaust-Überlebende hatte über ihre erste Begegnung mit dem Wort Auskunft gegeben, das ein Name, ein Synonym geworden ist und das für einen Fluch steht. Mit dem Versuch, den Ton der Thora nachzuahmen, das Aufzählverfahren der ersten biblischen Schriften, die Verortung im historischen Kontext sowie im gegenwärtigen Sprech-Text durch eine Enumeratio stattfinden zu lassen, wird der Text eine Liste historischer, fiktiver, stark generalisierter, plakativer, sicher auch klischeegeladener Worte, die einen Rhythmus annehmen, vielleicht den eines Zuges. Das Stottern, der Bruch im Text, im Rhythmus kommt nach dem Halt des Zuges, dem Wundern der Massen, dem Flüstersturm der Ahnung. Ich habe mich gefragt, wie es wäre, den Namen „Auschwitz", den wir alle als Synonym für den Holocaust kennen, zum ersten Mal auszusprechen. Es wäre ein Buchstabieren, eine Beurteilung, im ersten Moment. Es wäre *seltsam*. Es würde den Zug der Gedanken ins Stocken bringen. Und es ist ein kalter Scherz, dass das Wort „-witz" im deutschen Wort Auschwitz steckt. Eine Entdeckung, auf die ich einen Bruchteil lang eingehe bei der Erwähnung, dass es sich beim Einpferchen und dem Verladen von Menschen gleich Rindern um einen Scherz handeln müsse.

Der Holocaust wird so nun also auf der Bühne von einem Sprecher vorgetragen. Die deutsche Wunde mit Betroffenheit auf eine Slambühne geweitet, in ihr wird durch Applausmessung herumgewühlt. So habe ich den Text gedacht: als Provokation, und im besten Falle ausgestattet mit einem Verblüffungsmoment am Ende.

Um ein weiteres Element, das mir sinnvoll und richtig erscheint beim Sprechtext, nämlich dem pointierten Schlussvers, dreht sich folgender, bereits angekündigter Text. Es geht um ein anderes Tabu, den Gegenentwurf zum lauten Auftritt, den Anspruch, mit einem Text unbedingt gehört zu werden: um das Flüstern.

<Flüstern>

Diesen Text gibt es gar nicht
Dieser Text gibt keinen Laut
Dieser Text muxt sich nicht
Begehrt nicht auf und murrt kaum
Er kommt in Stille, in der er wohnt
Geht von der Bühne, als wäre er nie da gewesen
Sein Autor ist tot, seine Aussage überhörbar
Dieser Text hat ein Problem
Er ist tonlos, ist behaucht und viel zu leise
Die Alten können ihn nicht hören, die Jungen sind
ungeduldig
Der Text ist nicht gereimt, er muss vergraben
werden
Halt du den Spaten und ich wickel ihn ein
Wir senken ihn tief, bis er auf Grundwasser stößt
Das Wasser flüstert ihn weiter, verrät ihn ans Meer

Oder in Suppe an deinen Bauch
Er ist wahrscheinlich leicht verdaulich
Liegt nicht lang im Magen
Dreht sich problemlos in den Abfluss
Hör gar nicht hin
Denn es gibt keinen Text ohne Lärm
Allein das Tippen auf Tasten
Das millionenfache Anschlagen der Buchstaben
Auf Millionen von Tastaturen ist ein so großer Lärm
Eine Babelei, ein Turmbau aus Text und Lehm
Gut, dass es diesen Text nicht gibt und
Diese Sorgen nicht jetzt aus der Büchse kommen
Denn wir bekommen ja Gäste
Und müssen heute noch plaudern und zuhören
Wie sie über ihre Kinder und Rentenversicherung
Auskunft geben
Das Leben ohne Text wird herrlich
Weil wir dann wieder laut sein und Lärm machen
dürfen
Aber was sag ich
Sag ich etwas
Hier wurde nie etwas gesagt, was nicht auch nicht-
gehört
Hätte bleiben können
Ich gebe zu, es gab da den Gedanken an einen Text
Aber diesen Text gibt es gar nicht

Die wichtigste und dabei kokett lügnerische Aussage in diesem Text ist wohl diese: Hier wurde nie etwas gesagt, was nicht auch nicht-gehört hätte bleiben können. Wer spricht so? Ein Sprecher, der nichts auf sich hält, oder ganz im Gegenteil, einer, der sich der Welt gegenüber als Geschenk versteht, denn alles, was er aufstellt im Text, dementiert er auch. Sympathisch an dieser Sprecherfigur finde ich die Selbstbefragung: „Aber was sag ich/ Sag ich etwas". Der Sprecher bespricht sich selbst. Als immer-einsamer Bühnenakt beginnt er eine „gepflegte" Schizophrenie vor den Ohren einer Zuhörerschaft, die ihn nur noch mehr antreibt, eine Spaltung vorzunehmen, da das Bühnenwesen und das Autorwesen zwei unterschiedliche und doch nicht trennbare Wesen sind. Es kann dies nur eine Spaltung sein, die anhand der Nutzung von Metasprache deutlich gemacht werden kann. Ein weiteres Beispiel für so eine Spaltung der Persönlichkeit, um den Sprechakt als Sprecher ausführen zu können, folgt am Schluss dieser Ausführungen.

Steht die Konkrete Poesie in irgendeinem Bezug zu Sprechtexten des 21. Jahrhunderts? Bisweilen ja. Die Konkrete Poesie ist und war eine experimentelle Form der Sprachverwendung für literarische Zwecke. Sowohl diese Verwendung als auch ihr Zweck waren zahlreich und vielgestaltig, die notwendige Schizophrenie zum Teil noch ausgeprägter.

Für mich erschöpfen sich hier die Parallelen. Nicht, dass man Konkrete Poesie nicht vertonen, verstimmlichen könnte – im Gegenteil. Gerade die Texte Eugen Gomringers lassen sich leicht als Sprechpartituren umdenken. Nicht nur die lautpoetischen Texte Jandls eignen sich für einen Vortrag. Aber ihre erste Erscheinungsform findet die Konkrete Poesie im *quasi*-Bildlichen. So wuchs ich in einem Haus auf, in dem Texte statt Bildern an der Wand hingen. Texte, in denen mit wenigen Worten die Idyllen heraufbeschworen wurden, die in den Familien meiner gleichaltrigen Freunde bildhaft dargestellt wurden. *baum kind hund haus.* Diese Begriffe brauchen im Hause Gomringer keine bildliche Entsprechung, die Begriffe stehen für sich selbst, wirken alleine durch schriftliches Erscheinungsbild, Anordnung auf dem Blatt, überlegte Typographie. Diese Minimaltexte lassen Bilder entstehen, Überlegungen, lassen Übertreibungen des Geistes zu, während ein wirkliches Bild festlegt, unter Umständen den Geist in seinen Spekulationen einengt.

Mein Text *Ich werde etwas mit der Sprache machen* ist, obwohl dem Schweizer Dichter Jürg Halter gewidmet, eine

Hommage an das Gedicht *schweigen*, das mein Vater 1963 veröffentlicht hat. Vierzehnmal rahmt das Wort „schweigen" einen durch Aussparung künstlich konstruierten *blind spot* auf dem Papier ein. Hier wird das Schweigen proklamiert, postuliert, durch die Verwendung der Infinitiv- wie Imperativ-Form ins Leserhirn gebannt, und dann erfolgt die Betrachtung der Leere: der erste wahrhaft ver-*schwiegene* Moment auf dem Papier, die Lücke. So schweigt der Autor: Er schweigt in dem Moment, in dem er eine Lücke im Text entstehen lässt. So schweigt der Sprecher: indem er das Sprechen durch sprachliche Überproduktion vorführt, den Moment des Schweigens sprecherisch vorbereitet, ihn inhaltlich leert und ihn mit dem Wort *Nichts*, der Sprachbild gewordenen, Wort gewordenen Lücke befüllt.

Die Arbeit meines Vaters enthält viele Gedankenzüge, die meine Texte durchwirken. Seine Texte sind mir im wahrsten Sinne ur-vertraut, und nichts an ihnen mutet seltsam an. Nicht ihre augenscheinliche Einfachheit, nicht das Meditative, nicht ihr kokettierender Humor, ihre Sprunghaftigkeit. Wo mein Vater das dichterische Schaffen mit den Mitteln der Reduktion umschließt, versuche ich durch gezielte, sich sprecherisch verselbständigende Über-Produktion von sprachlichem Material (Lauten, Buchstaben, Wortreihen) die Notwendigkeit und Schönheit der Reduktion, der Pointierung aufzuzeigen. Meine Texte enden fast alle auf ein versöhnliches Moment, einen geplanten Dramen- oder Komödienschluss, der den Zuhörer wie den Sprecher aufatmen lassen soll.

Es ist wichtig, dass der Sprechakt als Arbeit wahrgenommen wird. Er ist performatives Bühnenmoment und steht damit zwischen Theaterarbeit und Kunsthappening. Die Personalunion Textverfasser und Textinterpret ist ein unbedingtes Merkmal der Sprechdichtung. Die Sprechdichtung umfasst Texte, die ausschließlich für den sprecherischen Vortrag verschriftlicht wurden, gleich einer Art Libretto.

Der Poetry Slam, diese für die Post-Moderne uralte Bühnenform des Text-Events, ich sage bewusst nicht Literatur-Events, ist eine Einladung an die Sprechdichter der Welt. Seit über 25 Jahren folgen Autoren verschiedenster Gattungen dieser Einladung und seit etwa fünf Jahren zunehmend weniger Sprechdichter per definitionem. Die Gründe hierfür liegen im Trendgefühl und in dieser als „zu abgehoben" wahrgenommenen dichterischen Verarbeitung poetischer Motive zu einer Art durchstilisierter Sprechversion von Lyrik.

Ich möchte mit dem angekündigten Text schließen, in dem mein Name (die Nennung des eigenen Namens – auch das ein Tabu in der Dichtung!, nicht aber in sprecherischer Haltung, oft zu erleben bei Rappern oder Rhetorikern) durch die bis zur Entnervung des Zuhörers häufige Aufzählung seinen Bezug verliert und nur noch sprachlicher Gegenstand wird. Im Gegenzug kombiniere ich ihn in einer Art Antwortspiel zu einem nie geführten Interview mit privaten Halb-Wahrheiten und wieder ist der Schluss eine Zuspitzung:

Fortsetzung

Nora Gomringer ist irritiert.
Nora Gomringer ist sicher, dass sich die Dinge
ändern werden.
Nora Gomringer wird eines Tages eine Spezialistin
sein.
Nora Gomringer hat den Schalk im Auge.
Nora Gomringer hat ein Brett vor dem Kopf.
Nora Gomringer wundert sich über den Ausgang
der Geschichte.
Nora Gomringer sagt huch.
Nora Gomringer erträgt Filmmusik nur bis zu einer
gewissen Lautstärke.
Nora Gomringer trägt keinen Schleier. Damit sagt
sie auch etwas aus.
Nora Gomringer trägt Schmuck, der Beobachter

anregen soll, ihr Komplimente zu machen.
Nora Gomringer ist 28, 43, 64, 58 und 13.
Auch Nora Gomringer liest.
Nora Gomringer mag Dinge, die rund, blau und orange sind.
Nora Gomringer glaubt, dass ein Urlaub am Meer ihr guttut.
Nora Gomringer trainiert ihren Orientierungssinn, indem sie auf das Tragen einer Armbanduhr verzichtet.
Nora Gomringer erträgt Konsultationen bei Ärzten, der Steuerberatungsfirma Kempf und beim Frisör.
Nora Gomringer lässt dich nicht frieren.
Nora Gomringer küsst einen Mann, der könnte deiner sein.
Nora Gomringer denkt nach.
Nora Gomringer verschiebt ein Sofa ganz ohne Hilfe.
Nora Gomringer ruft einen Freund an.
Nora Gomringer verschiebt einen Schrank mit der Hilfe eines angerufenen Freundes.
Nora Gomringer erträgt dich.
Nora Gomringer mag Hunde.
Nora Gomringer gähnt, wenn Menschen sie langweilen.
Nora Gomringer gähnt.
Nora Gomringer sagt selten nein.
Nora Gomringer spricht.
Nora Gomringer atmet.
Nora Gomringer ist Organspenderin. Bei Kompatibilität spendet Nora Gomringer ihre Niere.
Nora Gomringer möchte ungeschehen machen.
Nora Gomringer denkt immer noch, die Menschen wären Statisten in ihrem Film.
Nora Gomringer war vier oder fünf, als sie wusste, dass ihre Familie seltsam war.

Nora Gomringer war sechs oder sieben, als sie
sah, dass die Familien ihrer Freunde seltsam
waren.
Nora Gomringer konzentriert sich.
Nora Gomringer sucht nach Vergleichen,
Metaphern, allem.
Nora Gomringer glaubt an dich.
Nora Gomringer ist überall.
Nora Gomringer sieht dich an, wenn du an ihr
vorbeigehst.
Nora Gomringer zahlt Steuern.
Nora Gomringer schwimmt auch.
Nora Gomringer kauft bei amazon Punkt ch,
Punkt de, Punkt uk, Punkt com.
Nora Gomringer will jemanden mit dem Design
ihrer Visitenkarten beauftragen.
Nora Gomringer spricht ein paar Sprachen.
Nora Gomringer spricht Deutsch.
Nora Gomringer meint, Teil der Welt zu sein.
Nora Gomringer arbeitet positivistisch.
Nora Gomringer platzt der Kopf.
Nora Gomringer hört Musik, die ihr bekannt vor-
kommt.
Nora Gomringer muss die Bühne verlassen.
Nora Gomringer muss sich fragen lassen, was ein
Gedicht ausmacht.
Nora Gomringer, was macht ein Gedicht aus?
Nora Gomringer macht das Gedicht. Aus.

Du sollst nicht illustrieren!

Die neuen Medien zielen auf die Lyrik. Die Vermählung eines Gedichts mit primär-außersprachlichen Formen: dem Tanz, dem Design, der Videokunst, Musik, Fotografie, Malerei, dem Film gelingt selten zum qualitativen Mehrwert für die Lyrik. Natürlich gibt es verblüffende Ergebnisse, die zu Massenwirksamkeit gelangen, wenn die Umsetzungsidee clever, der Gedanke in zweiter Linie witzig ist, das Produkt Humor transportiert.

Die Lyrik wird seit Jahren Opfer operativer Eingriffe in ihre vorzügliche Abgeschlossenheit, ihre gepflegte Exklusivität. Ihr selbstarrangierter Aufenthalt im Elfenbeinturm wird ihr spätestens jetzt zum Verhängnis. Gleich einer gekaperten Braut, sieht sie sich entführt von ihrem medialen Interpreten, steht allerdings auch zunehmend in der Gefahr, sich in ihren Entführer zu verlieben. Die kritische Distanz verliert sich. In meiner lyrischen Arbeit, die sich aus dem Verfassen, Vortragen, Veröffentlichen eigener Texte und dem Lesen, Studieren, Einschätzen der Texte anderer zusammensetzt, habe ich Experimente gemacht und war zum Beispiel Gast einer Weimarer Kooperation zwischen der Bauhaus Universität und einem Festival, das sich auf die Verknüpfung von Text und audiovisuellem Experiment spezialisiert hat. Die lesenden Autoren, bzw. der Vortrag ihrer Texte wurde von Mediengestaltern analysiert und auf eine Präsentation abgestimmt. Das Publikum war gut gelaunt und äußerst zahlreich erschienen. Zu meinem Bedauern hat keine der Präsentationsformen die Kraft und Fähigkeit entwickelt, über eine reine illustrative Behandlung des Textes hinauszureichen. So hörte das Publikum Texte und sah Bilder dazu. Der Betrachter tat nichts anderes, als die Gemeinsamkeiten und Korrelationen zwischen Text und Bild abzuwarten. Vieles war im Wesentlichen zu simultan verhandelt.

Ich sperre mich nicht gegen das Experiment. Ich verwehre mich der zunehmend lauter proklamierten Notwendigkeit, die Lyrik durch zusätzliche Vertonung, Bespielung, Bebilderung zugänglicher, eigentlich aber wohl: anziehender zu machen. Die Lyrik ist stark genug. Es ist der Diskurs der Rezeption, dem es an Inspiration, Selbstkritik und Verständnis sowie Hintergrundwissen zu mangeln scheint.

Ein neues Gedicht, frisch aus dem Word-Dokument seines Dichters kopiert, wird umgesetzt als Gegenstand einer Lesung im Internet. Im Februar 2010 war eine Reihe von Lesungen von Gedichten des geschätzten Michael Lentz anlässlich der Veröffentlichung seines neuen Lyrikbandes im Internetauftritt der *FAZ* anzusehen. So werden Gedichte zu Tracks auf iPods. Ist es wirklich so, dass dies viel mehr Menschen gut als fragwürdig finden? Ich habe nichts gegen große Populär-Foren für Musik und Text: das Internet, die Netzwerke der außer-literarischen Künste. Ich selbst bin freiwillig/unfreiwillig auf YouTube zu sehen, jeder, der Nora Gomringer googelt, findet sie viele tausend Mal. Aber ich mache mir Sorgen, dass Lyrik nur noch als Produkt akzeptiert wird, bei dem man wie selbstverständlich davon ausgeht, dass es noch ein *pimping* erfahren muss, um vollkommen zu sein. Ein Gedicht ist ein Gedicht. Kein Libretto für ein Musikvideo. Außer es ist speziell dafür geschrieben – aber diese Zweckmäßigkeit sollte man Texten anmerken. In ihr kann eine große Fertigkeit, und damit auch Schönheit liegen. Das Argument, die Lyrik könne nur bei entsprechender Mitgestaltung durch andere Künste junge Menschen zum Lesen verführen, lässt mich an eine Diskussion beim Berliner Poesiefestival 2009 denken. Es wurde unter anderem die Frage erörtert, ob Lyrik sich nicht relativ bewusst der Interpretation und damit geistigen Erreichbarkeit durch das Publikum entziehe. Ich habe den katalonischen Dichter Eduard Escoffet erlebt, der eine ganze Schar kluger „neuer Gedicht-Rezitations-Situationen" geschaffen hat durch die Einbindung von Tonbändern und digitalen Medien, wie dies ansatzweise auch schon in der Bewegung des Fluxus getan wurde. Allerdings arbeitet Escoffet mit dem Text als Grundlage. Immer und immer wieder kehrt er zum Text zurück, der auch allein bestehen kann, keine Beförderungshilfe, sondern im Falle Escoffets eine Bereicherung erhält. Das und nur das kann Ausgangspunkt sein für eine gelingende Auseinandersetzung zwischen neuen Medien und alter Lyrik, vor allem da der Gebrauch der alten Medien für die neue Lyrik noch nicht ausgeschöpft ist, sondern deren Erprobung, Prüfung immer noch parallel abläuft.

Höhere Absatzzahlen für Lyrik lassen sich durch mehr Medien in der Lyrik kaum erreichen. Lyrik transportiert sich durch ihre Personalunionsfähigkeit, (der, der sie schreibt, spricht sie auch), ihre Portionierbarkeit (ein Gedicht am Tag, zehn Minuten Lesezeit auf Festivals, Gedichte auf Plakaten, Postkarten etc.), einen guten Vortrag. Mehr Klicks auf die Produkte der Lyrik im Internet (Lesungen, Verfilmungen usw.) erhalte ich schon allein deswegen, weil die Bilder eine Unmittelbarkeit versprechen, die die Texte „trocken" (also ohne *pimping*) nicht einhalten, ja gar nicht einhalten wollen. Mein Wunsch wäre es, ein Bewusstsein dafür herstellen zu können, dass ein lyrischer Text, aufgegriffen von außerliterarischen Medien, erst dann aufhört, deren Opfer zu sein, wenn er sich in einer eigenen Textform behauptet und/oder ein nicht-illustrativer, sondern additiver Ansatz zur Vermählung beider Formen gefunden werden kann.

Cut: Nora Gomringer. Was mir nicht in den Mund passt

Gefragt, geschnitten und editiert von Artur Dziuk

In einem Seitenblick sehe ich mein Profil, weil ich mir einen kleinen Spiegel auf den Schreibtisch gestellt habe. Ich will mein Welt-Gesicht überprüfen und nicht zu ernst dreinschauen. | Ich bin die, die vermeintlich „vom Slam" kommt. Dabei waren zwei Lyrikbände bereits veröffentlicht, als die Slambewegung mich eingesteckt und mitgenommen hat. Ich bin die, die „über den Slam hinausgekommen" ist und jetzt eine Mischung aus Sprechlyrik und recht klassischen, lese-verhafteten Texten vorlegt. | Ich gefalle, ich überrasche, entsetze ein bisschen und versöhne dann. Auch bin ich musikalisch und kann gut mit anderen Künstlern eine Bühne teilen, ein gemeinsames Programm ad hoc „herstellen". Ich bin ein pflegeleichter Dichter. Das macht mich randständig. In meiner Generation von Lyrikern bin ich ein durch extreme und extensiv-intensive Auftrittspraxis erfahrenes Sonderwesen. | Ein Gedicht muss in erster Linie da sein. Es ist egal, ob es irgendwo aufgeschrieben steht oder in jemandes Kopf schwingt. Sein Da-Sein macht es zitierbar. Wer dann als Urheber an diese Zitierbarkeit denkt, denkt auch, dass das Gedicht eine gewisse Öffentlichkeit erreichen kann. Sobald dies der Fall ist, wird der Vortrag, aber vor allem seine Rezeption mitgedacht: das Spektrum der Reaktionen, der unmittelbaren und mittelbaren. | Bei mir ist das Lautlesen eines Textes nicht wegzudenken in seinem Entstehungsprozess. Was mir nicht in den Mund passt, wird selten einem anderen passen. Schreiben ist vielmals Nuscheln und Säuseln und viel Jammern. Das sind alles mündliche Äußerungen. Alle Lyrik ist Mundwerk. | Mein Vater hat einmal einen kleinen Aufsatz geschrieben: *der dichter und das schweigen.* Den lese ich ganz bewusst immer wieder. | Ich klinge nicht wie „Berlin" und nicht wie „München". Ich schreibe über Dörfer und Städte, den Holocaust und Hunde. Ich versuche, das Bekannte in die Fremde zu führen. | Wichtiger als Orte ist die Sehnsucht per se. Ich sehne mich immer nach irgendetwas, das gerade nicht ist. Jedenfalls war das bisher immer so. Seit ein paar Monaten bin ich so übervoll mit Eindrücken, Erlebnissen, Arbeitsaufträgen, Ängsten und gelungenen Momentaufnahmen, dass ich meine Sehnsucht vermisse. | Zur Zeit entstehen Pläne, ein paar Dinge halte ich zusammen, andere lasse ich driften. Das ist eine neue Erfahrung: Dinge aus der Hand geben. Zusätzlich schreibe ich. Aber nur in meinem Kopf. | Ich plane das Schreiben nur bei größeren Texten wie Hörspielen etc. Auch wenn mich das dubios macht, sage ich, dass sehr viel Lyrik spontan verschriftlicht wird. Die Nachpolitur macht dann Lesenswertes daraus. | Unruhe spielt eine Hauptrolle, Konzentration hat einen herbeigesehnten Gastauftritt, Zeit ist der Antagonist. | Sehr wichtig sind mir Notizen. Ich schreibe viele schwarze Bücher voll. Male aber auch und importiere Gehörtes dort hinein. | Zuletzt habe ich aufgeschrieben: „Island. Robert Schindel. Das Leben eine Typhuserkrankung." | Ich denke, dass ich sehr einfach schreibe, weil ich komplizierte Dinge so verhandeln möchte, dass man sie versteht. | Besonders stark ist meine Beziehung zu Mark Strands Lyrik, die einfach ist und erschütternd. | Fast ausschließlich lese ich amerikanische Romane. Ich liebe Anatomieatlanten und entdecke mein Interesse an Graphic Novels. | Wenn ich einstiegslos bin, muss ich lesen, um meine Gedanken in einer bestimmten Art links- oder rechtsdrehend zu machen. | Dazu lese ich oft Lyrik. Und sehe Filme. Viele Filme. | Ich liebe Dinge. Und oft kaufe ich Dinge einfach, um die Idee ihres Schöpfers durch meinen Kauf wertzuschätzen. So zum Beispiel einen grünen Radiergummi in Form eines Gorillas. Maße: zehn mal fünf Zentimeter. | Schreiben ohne Ironie: zu starker Selbstbezug, dessen Folge Hybris ist und die Abkehr von der „Sache" bei gleichzeitiger Hinwendung zum Individuum und seiner Empfindlichkeit, die das Geschriebene für den Leser unerträglich macht. Wortejakulat ist sehr anstrengend. | Es gibt eine zeitweise Entfernung vom Schreiben, weil der Vorgang an sich eben doch Zeit, Festplatte und Absicht braucht. | Manchmal hat man einfach nichts zu sagen oder wenig, und dann geht man besser spazieren oder spielt Federball, bevor man sich hinsetzt und etwas tippt.

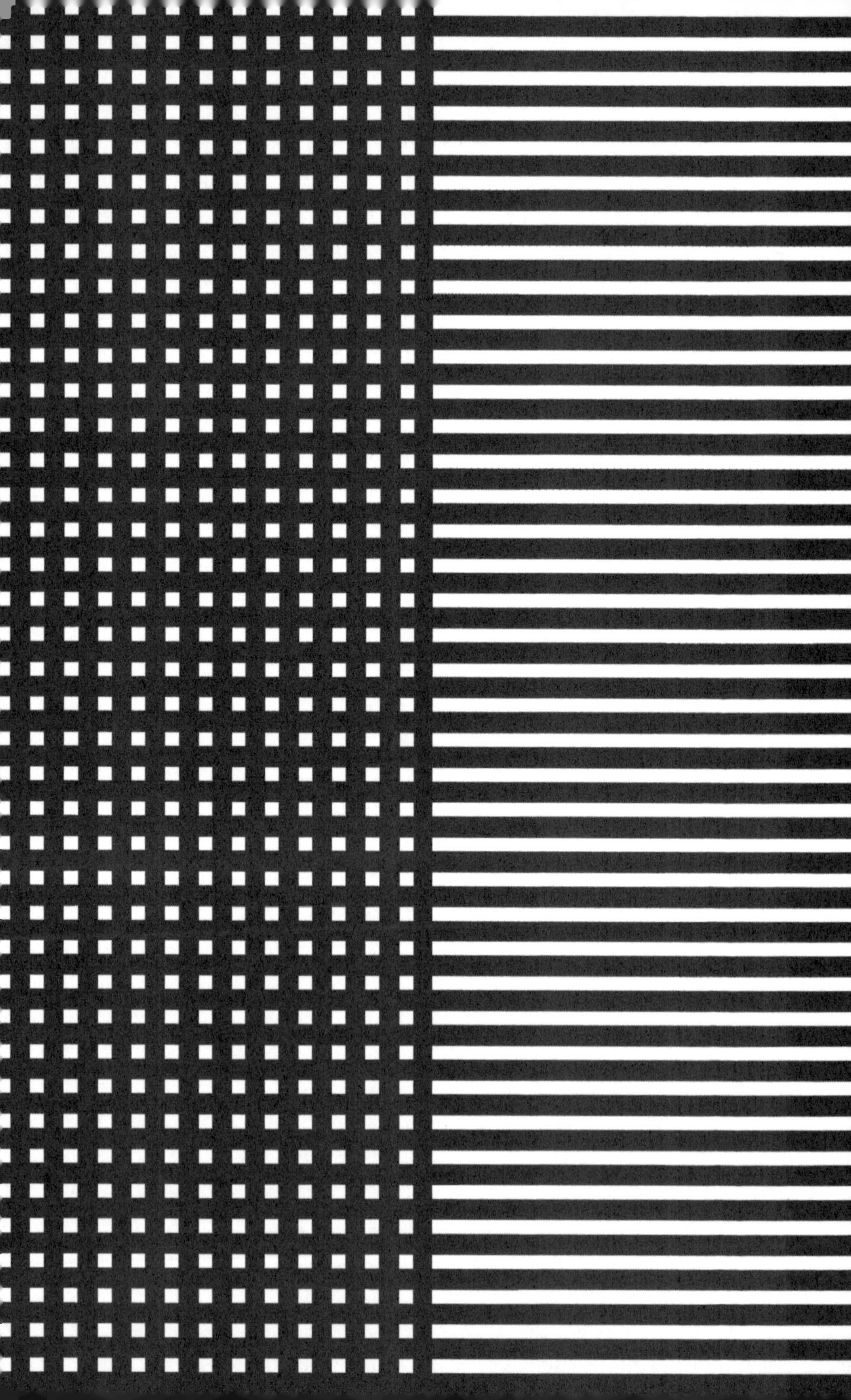

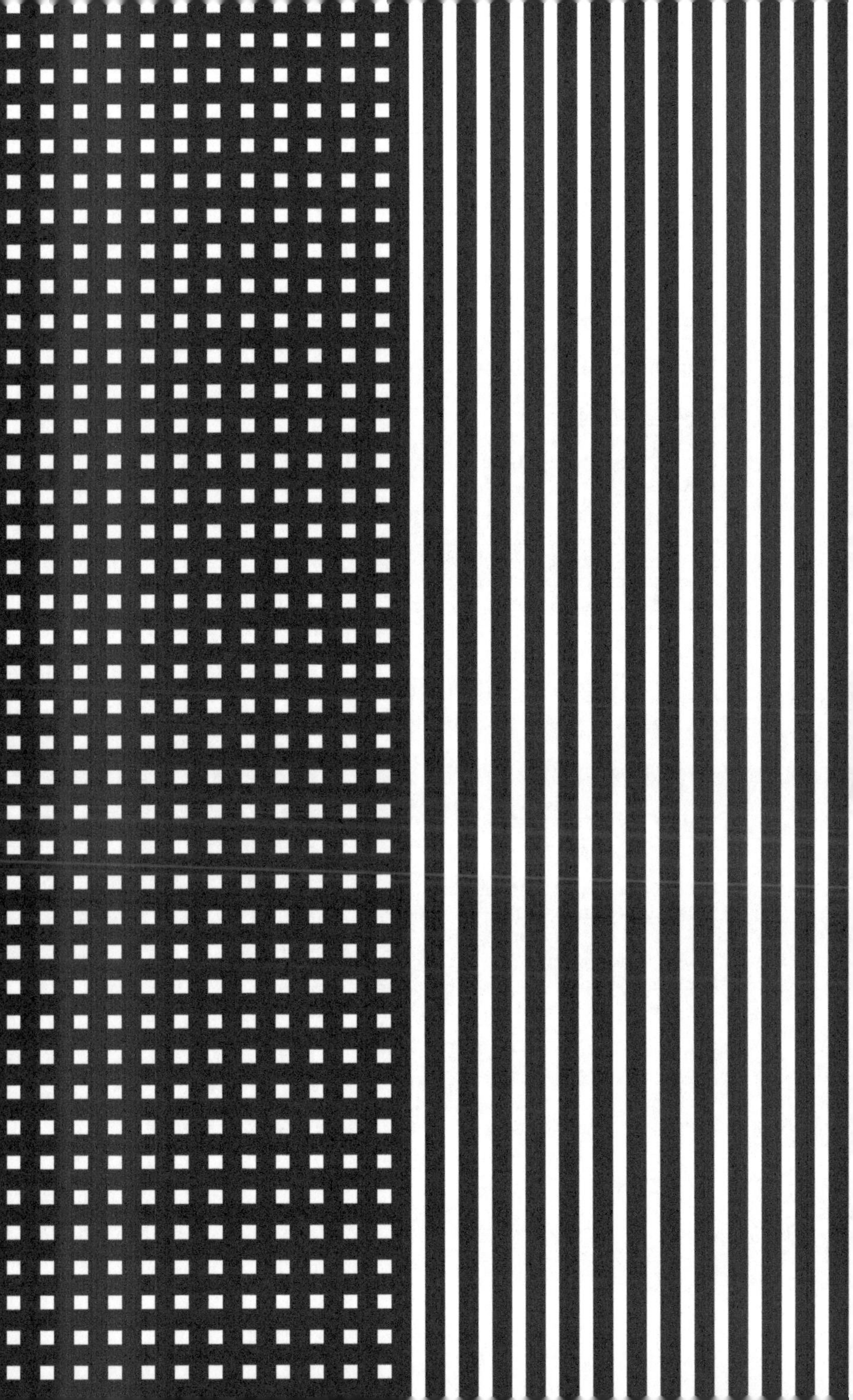

Quellenverzeichnis

Das Haus der Wörter meines Vaters
zitiert aus *Grosse Kräfte wirken leise*, in:
Georg Pöhlein, „Gomringer-Wurlitz. Portrait“, *publication PN°1* Bibliothek der Provinz Verlag 2001

Gedichtanalyse 2.0
o.T., in: Eugen Gomringer, „konstellationen constellations constelaciones“, spiral press 1953

Stadt des Trotzes
zitiert aus *Über dem Olymp*, in: Jurić, Pavlović-Grgić, Perić-Bilobrk (Hrsg.), Let u TROstihu, Naklada DHK HB 2008

In der Schule wie im Leben:
Neues sehen! Lyrik lesen!
Ursprungsalphabet, in:
Nora Gomringer, „Sag doch mal was zur Nacht“, Voland & Quist 2006 (vergriffen), neu aufgelegt in: Nora Gomringer, „Mein Gedicht fragt nicht lange“, Voland & Quist 2011

zitiert aus *Check mal die Rhetorik*, in:
Dendemann, „Die Pfütze des Eisbergs“, Yo Mama (Sony Music) 2006

Und es war ein Tag. Und der Tag neigte sich, in:
Nora Gomringer, „Sag doch mal was zur Nacht“, Voland & Quist 2006 (vergriffen), neu aufgelegt in: Nora Gomringer, „Mein Gedicht fragt nicht lange“, Voland & Quist 2011

Gute Mächte, in:
Xóchil A. Schütz, „Perlenkind. Poesie trifft Musik“, Edel/Sony 2009

Ein Ärgernis, in:
Nora Gomringer, „Sag doch mal was zur Nacht“, Voland & Quist 2006 (vergriffen), neu aufgelegt in: Nora Gomringer, „Mein Gedicht fragt nicht lange“, Voland & Quist 2011

Lyrik und Larynx: die Sprechdichtung
Ich werde etwas mit der Sprache machen, in:
Nora Gomringer, „Klimaforschung“,
Voland & Quist 2008 (vergriffen), neu aufgelegt in:
Nora Gomringer, „Mein Gedicht fragt nicht lange“,
Voland & Quist 2011

Ein Ärgernis, in:
Nora Gomringer, „Sag doch mal was zur Nacht“,
Voland & Quist 2006 (vergriffen), neu aufgelegt in:
Nora Gomringer, „Mein Gedicht fragt nicht lange“,
Voland & Quist 2011

Ursprungsalphabet, ebd.

High Noon, ebd.

*Und es war ein Tag. Und der Tag
neigte sich*, ebd.

<Flüstern>, ebd.

Fortsetzung, in:
Nora Gomringer, „Klimaforschung“,
Voland & Quist 2008 (vergriffen), neu aufgelegt in:
Nora Gomringer, „Mein Gedicht fragt nicht lange“,
Voland & Quist 2011

Liste der Erstveröffentlichungen

Alle bereits veröffentlichten Texte wurden für die vorliegende Buchausgabe überarbeitet. Die stilistische Zeichensetzung wurde beibehalten.

Fünf Fragen von Michael Krüger an Nora Gomringer,
unveröffentlicht

Ich Apple, du Wurm, Neue Zürcher Zeitung,
11. September 2010

Net(t) works,
unveröffentlicht

Der Charismat,
Neue Zürcher Zeitung, 13. August 2011

SpiegelxelfeR, eon magazin
„Bayerns Beste", 2008

Das Haus der Wörter meines Vaters,
orte 167, Schweizer Literaturzeitschrift,
34. Jahrgang Mai/Juni 2011

Norman Bates' Schwester,
Neue Zürcher Zeitung, 21. November 2009

„… deine alten Gassen flüstern Märchen",
Aviso Extraheft Weltkulturerbe, 2009

Gedichtanalysc 2.0,
basierend auf einer Rede anlässlich des 85. Geburtstages Eugen Gomringers am 20. Januar 2010 im Rathaus Rehau

Mund:artig. Die Nachflüsterin,
basierend auf einem Vortrag im Rahmen der Ringvorlesung „In unserem Kopf ist Platz für viele Sprachen: Hochsprachen und Mund-Arten" an der Universität Bern, 11. November 2008

In Venedig,
Nürnberger Nachrichten, 23. Dezember 2009

Frau Namukasa lernt schwimmen,
unter dem Titel *Eine Spätsommernovelle* in:
Neue Zürcher Zeitung, 12. Oktober 2009

Honk Horn Please,
im Auftrag der Pro Helvetia als Erfahrungsbericht angefertigt, unveröffentlicht

Sibirischer Frühling,
im Auftrag des Goethe Instituts als Erfahrungsbericht eingereicht, unveröffentlicht

Stadt des Trotzes,
Neue Zürcher Zeitung, 19. Mai 2011

Tolstoi auf der hellen Lichtung,
Radiobeitrag im Auftrag von Antonio Pellegrino für den Bayerischen Rundfunk, 20. November 2010

Das gute Fräulein oder wie man die Biographie einer Frau ruiniert,
sagenhaftes-island.is, Dezember 2010, in abgeänderter Version erschienen in der FAZ am 10. Januar 2011 unter dem Titel „Wie man eine Frau ruiniert"

In der Schule wie im Leben: Neues sehen! Lyrik lesen!,
basierend auf einer Panelrede beim Symposium Deutschdidaktik in Bremen am 5. September 2010

Lyrik und Larynx: Die Sprechdichtung,
basierend auf dem gleichnamigen Vortrag im Rahmen der ersten Poetikdozentur der Uni Landau-Koblenz, 15. Juni 2010

Du sollst nicht illustrieren!,
basierend auf dem Eingangsstatement zur Podiumseröffnung beim Poesiefestival Berlin, 6. Juni 2010

Cut: Nora Gomringer. Was mir nicht in den Mund passt,
Bellatriste Nr. 28, Herbst 2010